Toda Maldição Será Destruída

David Ramiah

TODA MALDIÇÃO SERÁ DESTRUÍDA
David Ramiah

Traduzido e editado por Cristiane C. de Paula Brito
Traduzido por Eunice Rodrigues Amado
Editado por Dr. Bernard Stephenson

Nenhuma parte desta publicação poderá ser reproduzida, estocada em um sistema recuperado ou transmitida de qualquer modo, eletrônico, mecânico, xerocado, gravado ou outra forma, sem a prévia permissão do autor, exceto como previsto pela lei de direitos autorais dos Estados Unidos da América.

As passagens bíblicas foram retiradas do Almeida Revista e Corrigida 2009. Copyright 2009 Sociedade Bíblica do Brasil. Todos os direitos reservados.

Este livro foi projetado para fornecer informação precisa e autoritária, com respeito ao assunto coberto. Esta informação é dada com a compreensão de que nem o autor ou "Christ Exalted Ministries" estão empenhados em conselhos legais ou profissionais. Desde que os detalhes de sua situação são dependentes de um fato, você deveria, além disso, procurar os serviços profissionais competentes.

Publicado no Canada

Ramiah Editora
22-90 Signet Drive,
Toronto, Ontario, M9L 1T5
www.DavidRamiah.com
Copyright © 2024 David Ramiah

All rights reserved.

ISBN: 9781777971113

DEDICATÓRIA

DEDICO ESTE LIVRO AO MEU SENHOR E SALVADOR, JESUS CRISTO.

SUMÁRIO

Prefácio
Introdução
Capítulo Um: Adotado — 1
Capítulo Dois: Um Novo Nome — 7
Capítulo Três: Uma Nova Nação — 13
Capítulo Quatro: O Espírito Órfão — 19
Capítulo Cinco: Perca Aquela Velha Vida — 29
Capítulo Seis: Maldição Geracional — 37
Capítulo Sete: Quem É Seu Inimigo? — 53
Capítulo Oito: Por Que Maldições? — 63
Capítulo Nove: Confissão Verdadeira — 77
Capítulo Dez: Aquele Que Peca — 89
Capítulo Onze: Comece Certo — 101
Capítulo Doze: De Acordo Com Sua Fé — 109
Capítulo Treze: Conclusão — 113

"Como o pássaro foge, como a andorinha no seu voo, assim a maldição sem causa não se cumpre."
Provérbios 26:2

AGRADECIMENTOS ESPECIAIS:

Este livro não seria possível sem a ajuda de várias pessoas que leram e deram suas opiniões e reflexões nesta obra. agradeço a todos.

Agradecimentos especiais ao meu grande amigo Pastor Lúcio dos reis Oliveira, da quinta igreja presbiteriana de uberlândia, pela sua amizade e confiança.

Agradeço a toda minha família, em especial, minha mãe e meu pai que estão sempre comigo.

Um agradecimento especial à joy hollwood, cujo apoio incessante e trabalho constante nunca cessa.

E agradecimentos especiais à congregação christ exalted ministries em toronto.

Amo todos vocês. Deus os abençoe.

David Ramiah

PREFÁCIO

Qual é a causa de dúvida da presença de Deus na vida de um crente? Por que existe esse sentimento persistente de que Deus não está lá, que Ele permitiu você fazer seu melhor, por si mesmo, por seu próprio esforço? Quando há tantas promessas nas Escrituras, relacionadas à presença do Pai em nossas vidas, através do poder do Espírito Santo, por que esses sentimentos de desespero e "solidão" assombram a vida espiritual esfarrapada do crente em luta? Oséias diz: "Meu povo foi destruído porque lhe faltou o conhecimento"! (Oseias 4:6)

Este livro, "Toda Maldição será destruída", investiga a má interpretação acerca do termo "maldições geracionais", o espírito do abandono e o 'espírito órfão' penetrante na igreja atual. O autor sinaliza a mensagem do Evangelho no capítulo de abertura, apresentando uma base doutrinária sólida na qual ele aborda a questão. O relacionamento com Deus como Pai é crucial para o crente em luta poder se agarrar. Os capítulos subsequentes mansamente encorajam o leitor a solidificar seu relacionamento original com Deus, passando por eles pela progressão lógica de seu compromisso de fé inicial. Restabelecendo e reafirmando este relacionamento, o crente tem, através de Cristo, a bela imagem da 'adoção'. Torna-se claro que não somos mais órfãos e não mais estamos sob maldição. Articulando habilmente as relevantes Escrituras, o Pastor David reúne os penúltimos fatos do relacionamento do crente ao seu Pai Celeste, e mais adiante explica a verdade atrás dos equívocos e falhas do ensino errôneo.

Este é um excelente livro para o crente batalhador, e acredito, uma grande fonte de conforto para aqueles que desejam amadurecer espiritualmente. Pastores, conselheiros cristãos e Cuidadores Espirituais considerarão este livro um recurso valioso para qualquer biblioteca. Altamente o recomendo!

Rev. Valda Douglas

INTRODUÇÃO

Algum tempo atrás, alguma coisa horrível aconteceu no Corpo de Cristo. Afetou, adversamente, toda uma multidão de pessoas ao redor do mundo. Tenho visto isso no Canadá, Estados Unidos da América, Índia e Brasil. Como também sei que afetou toda Europa e outras partes do mundo – espalhando-se como uma doença. Com a rapidez enorme e o alcance da internet, qualquer audiência pode ser influenciada e afetada em segundos. Mesmo anterior à internet, multidões foram rapidamente pegas e seduzidas pela televisão, livros e outras mídias. Isso não demorou muito, pois permeou toda Cristandade.

Infelizmente, por toda parte do mundo, os Cristãos estão sofrendo uma consequência desastrosa do ensino errado. Por isso, muitos foram mantidos em escravidão até os dias de hoje. Por trinta anos, tenho pessoalmente visto e ouvido aqueles que têm sido atraídos e conduzidos pelo caminho errado. Eles não aproveitaram o tempo para descobrir por eles mesmos, se o que estavam aprendendo era verdadeiro ou falso. Era como um carro de propaganda, ou um trem com passageiros dando viagens grátis, enquanto todo mundo pulava dentro para a viagem. Quase todos pulavam para dentro, sem atenção ou questionando se o trem estava indo na direção que queriam ou deveriam ir. O trem parecia estar indo na direção certa. Por todas as intenções e propósitos, ele estava saindo da estação correta.

Tudo o que é necessário é um pequeno erro para lançar você completamente fora ou mais longe de seu destino certo, causando perda de tempo no processo e algumas vezes, a perda de muito dinheiro. Uma pessoa pode, na verdade, perder sua vida inteira, somente com um conjunto de informações e uma decisão errada. Um comerciante de ações e títulos tem que somente receber o tipo e a marca do produto, por um preço de cálculo errado, ou um tempo errado de venda, para perder milhões em uma negociação.

Quanto você próprio está querendo arriscar, para receber a informação errada versus receber os fatos corretos? Você pode aceitar perder seja 5, 10 ou 20 anos de sua vida, porque aceitou o ensino errado ou tenha colocado um erro em prática, apenas para descobrir, muito tempo depois, que ele não era verdadeiro? Você pode ter tentado e tentado de novo. Parecia funcionar por pouco tempo, mas logo após disso, você descobriu estar de volta à estaca zero. Então decide, "Bem, estou acostumado dessa maneira e então eu tenho que viver assim. Não posso mudar isso de maneira nenhuma. Tenho vivido desse modo toda minha vida e não posso livrar-me disso facilmente. Está no meu DNA, em meu gene, no dos meus antepassados e eu herdei isso. Devo também aprender a lidar com isso. Um dia, talvez, Deus vai me livrar".

Entretanto, meus amigos, Deus quer fazê-los livres hoje! Ele deseja a você ficar livre de tudo o que Satanás tem trazido sobre você. Deus deseja lhe liberar de toda essa batalha, que você acredita ter herdado de seus pais, ou tenha ficado viciado, por você próprio.

Por muito tempo, tenho tido a convicção de que estou correto a respeito das questões discutidas neste livro. Entretanto, não expus anteriormente, porque eu não estava pronto. Na verdade, eu desejava que alguém tivesse confrontado a questão antes de mim. Assim, eu não teria que fazer. Uma coisa é que quando Deus lhe dá uma missão, ela é sua. Ele não a toma de volta. É seu, o realizar. Você tem que fazê-lo. Assim, aqui estou disposto a lhe trazer a verdade que vai torná-lo livre. Oro para que Deus abra seus olhos, que Ele lhe dê o entendimento de que precisa e, acima de tudo, que Ele quebrante o seu coração para receber o que Ele está lhe falando hoje.

Assim, com a direção e ajuda do Espírito Santo e com toda esperança em meu coração de trazer mudança em sua vida, diligentemente procurei reunir, nestas páginas, o que irá ajudá-lo a receber a verdade e corrigir esse erro. Oro para que os fatos Bíblicos dispostos em ordem neste livro tragam uma transformação favorável a você e àqueles que lhe são próximos.

Eu lhe encorajo a ser diligente, a orar e procurar ajuda no Espírito Santo, para que você possa compreender o que está escrito nele e entenda a verdade que o libertará. Minha oração é que aquela luz possa iluminar as áreas escuras e que as coisas se tornem mais claras e iluminadas ao final.

Deus os abençoe.

Pastor David Ramiah

1
ADOTADO

"Nos predestinou para filhos de adoção por Jesus Cristo, para si mesmo, segundo o beneplácito de sua vontade."
(Efésios 1:5)

Um homem e sua esposa decidiram que poderiam ter um bebê. Decidiram adotar um filho. Então, decidiram fazer um requerimento e encontrar os oficiais corretos do governo, para iniciar o processo e colocá-lo em movimento. Enquanto o pai esperava, a emoção aumentava. Ele ficava mais e mais empolgado a cada dia. Ele mal podia esperar para tudo estar terminado. Ele desejava levar seu novo filho para casa. Algumas vezes, seu entusiasmo e emoção o dominavam, mas ele se mantinha calmo. Não obstante, ele não podia esperar para que tudo estivesse pronto. O processo era muito longo e estressante. Finalmente, a espera terminou. Ele se tornou um pai.

O bebê era muito pequeno para saber tudo que estava acontecendo com ele. Ele não sabia que estava se tornando um filho para os novos pais. Ele não tinha a consciência de que se mudara para uma casa diferente. Ele não sabia que ele tinha outra mãe e pai em algum lugar fora, e que ele havia vivido na casa deles antes de viver nesta. Rostos que ele quase não reconhecia estavam cuidando dele agora. Logo, no entanto, ele aprendeu a amá-los e a confiar neles. Todas as suas necessidades eram supridas. Ele não tinha nada para se preocupar. Sempre que ele precisava de algo, era a essas duas pessoas que ele iria para pedir ajuda. Ele não tinha dúvida de que eles o sustentariam, o protegeriam e se certificariam de que ele estava bem. Ele estava logo os chamando de mamãe e papai.

Finalmente, ele foi para a escola. Quando sua professora o chamou por seu nome e sobrenome, ele prontamente respondeu. Ele não tinha problemas em responder com seu nome atual. Depois de tudo, ele não sabia que ele havia tido outro nome. Ninguém lhe contou que ele tinha tido outros pais. Ele não sabia que fora adotado. Seu nome era o que era e ele era o que era. A menos que alguém lhe contasse, esse jovem rapaz cresceria e nunca saberia que fora adotado. Ele nunca chegaria a saber de sua identidade do passado. Para ele, não havia outra identidade. Em seu coração, em um dia, seu pai iria morrer e deixar-lhe uma herança. Este era seu pai. Ele não conhecia nenhum outro. Seu pai era seu pai. Ele sabia, completamente, que tudo que pertencia ao papai, eventualmente, se tornaria seu. Ele estava contente.

Nenhuma outra Herança Esperada

Havia somente uma coisa que esse filho adotivo nunca esperaria, e isso era outra herança de outros pais. Ele até não sabia que eles existiam. Então, de novo, legalmente, eles não mais eram sua mãe e seu pai. Assim sendo, eles não tinham direitos legais sobre ele. O pensamento nunca mesmo entraria em sua mente de que ele poderia esperar uma outra herança de alguém mais. Não havia nada a esperar ou ter. A unica coisa que ele sabia era que aquilo que seu pai lhe deixasse - isso era seu. Nada mais, nada menos... Se alguém tivesse contado a ele que poderia esperar algo de alguém que não fosse seus pais, ele poderia ter pensado que eram loucos e não sabiam o que diziam. Esperar herança de outra mãe e outro pai era absurdo. Era absolutamente ridículo para ele esperar alguma outra herança de outros pais.

Nova Identidade

Você foi adotado? Assim como esse jovem rapaz, foi-lhe dado um novo nome, uma nova casa e um novo pai?

Você é, agora, chamado por seu novo nome? O que é isto?

Você mudou de sua velha casa e agora vive em uma nova?

E sobre seu novo pai, quem é ele? Qual é seu nome? Você espera uma herança de seu novo pai?

E sobre seu velho pai, você irá herdar algo dele também?

Quem era seu pai antes?

Você está pensando o mesmo que eu? Você vê o que vejo? Você pode se imaginar em seu novo lar? Ah, está pensando no Céu? Não estou pensando nele, afinal. Não estou falando sobre o Celestial. O Céu está longe do que estou pensando bem agora.

Permita-me compartilhar um pouco sobre mim mesmo. Veja, a Bíblia nos diz que fomos adotados em uma nova família. Quando nasço de novo, recebo um novo nome. Hoje, sou chamado "Cristão". No passado, eu era chamado de "Pecador". Hoje, vivo em um novo lar chamado "O Corpo de Cristo". Não mais vivo na mesma "casa" que eu vivia. Desde o dia em que dei minha vida a Jesus Cristo, eu mudei. De fato, a Bíblia me diz que "eu não mais vivo". Ela diz que Cristo vive em mim. Então, uau! Eu nem vivo aqui. Oh, isso não é tudo, tenho um novo Pai. Ele é o mesmo Pai que meu Senhor e Salvador Jesus Cristo o chama, "Deus". Você o conhece? Adivinhe o quê? É de quem a minha herança vem.

E sobre meu pai terreno? Ele não tem nada a ver com isto. Minha herança não está nele e não vem dele. Na verdade, meu pai terrestre também aceitou Jesus Cristo como Senhor e Salvador. Ele, entretanto, tem o mesmo Pai que eu tenho. Não é incrível? Realmente, legalmente falando, meu pai terreno e eu somos irmãos. Não é impressionante?

Sim, meu Pai Celeste é fantástico e Ele faz coisas impressionantes, maravilhosas e incríveis a toda hora. O melhor de tudo é que Ele fez com que meu pai terrestre e eu nos tornássemos irmãos. Portanto, meu pai e eu recebemos nossa herança da mesma fonte, o mesmo Pai. Por ninguém mais! Isso não faz um "uau" em você? Deveria.

Herança Verdadeira

Desde que meu pai terrestre e eu somos irmãos, não posso esperar nenhuma herança dele! Ele é meu irmão, não meu pai. Ele não tem nada que passar alguma herança duradoura para mim. Da mesma forma, ele não tem que esperar uma herança ser passada para ele de seu próprio pai terrestre. Oh, não, seu pai não recebeu Jesus Cristo como Senhor e Salvador. Veja, entretanto que, quando meu pai nasceu de novo, ele trocou de pais. Ele foi adotado por Deus. Deus, o Pai, se tornou seu Pai. A herança do meu pai terrestre é totalmente de Deus, o Pai, agora. Não é do seu pai terrestre que faleceu há muito tempo.

> *"Bendito o Deus e Pai de nosso Senhor Jesus Cristo, o qual nos abençoou com todas as bênçãos espirituais, nos lugares celestiais em Cristo, como também nos elegeu nele antes da fundação do mundo, para que fôssemos santos e irrepreensíveis diante dele em santidade e nos predestinou para filhos de adoção por Jesus Cristo, para si mesmo...." (Efésios 1:3-5)*

Quando Jesus entrou em meu coração pelo Espírito Santo e nasci de novo – toda a minha vida mudou. Naquele momento exato, eu estava instantaneamente, totalmente e legalmente isolado de meus pais terrestres, de meus avós, bisavós, até onde você deseja ir. Eu fui desmembrado de todos eles. Eles não são mais minha família, legalmente. Minha família agora é a família de Deus.

Deus me levou para sua casa e para dentro de Sua família. Ele me deu o seu nome e me selou com o Santo Espírito. Me tornei dele. Eu, agora, pertenço a Deus. Ninguém mais me possui ou tem direitos legais sobre mim como Deus o tem. "Mas a todos quantos o receberam, deu-lhes o poder de serem feitos filhos de Deus: aos que creem no seu nome" (João 1:12). "O mesmo Espírito testifica com o nosso espírito que somos filhos de Deus. E se nós somos filhos, somos, logo, herdeiros também, herdeiros de Deus e co-herdeiros de Cristo..." (Romanos 8: 16-17).

Jesus Cristo pagou o preço total com sua morte e ressurreição por mim. Ele me comprou. Sou dele. Ele me possui. Não posso ser reclamado por outrem. Satanás não tem parte comigo. Ele não tem direitos legais sobre mim. E não pode passar para mim algo dos meus antepassados.

Eles não são mais meus antepassados. Eles não são mais minha família. A família de Deus é minha família. Deus é meu Pai e minha herança vem dele. Sou um herdeiro de Deus, não do homem. Sou um herdeiro comum com o próprio Jesus Cristo.

"E assim se alguém está em Cristo, é nova criatura: as coisas velhas já passaram: eis que se tornaram novas. Ora, tudo provém de Deus, que nos reconciliou consigo mesmo por meio de Cristo e nos deu o ministério da reconciliação, a saber, que Deus estava em Cristo reconciliando consigo o mundo, não imputando aos homens as suas transgressões e nos confiou a palavra da reconciliação." (II Coríntios 5:17-19)

Se você olhar de perto, vai achar que tenho a semelhança e a imagem de Deus meu Pai. Por quê? Ele me capacitou a me revestir com Cristo. Depois que me liguei a Cristo, através do meu novo nascimento Nele, todas as coisas se tornaram novas. Me tornei novo. Assumi uma nova vida com Deus Pai em sua família, o Corpo de Cristo.

> *"Pois vocês são todos filhos de Deus pela fé em Jesus Cristo. Pois todos quantos foram batizados em Cristo assumiram Cristo. Dessarte, não pode haver judeu nem grego; nem escravo, nem liberto: nem homem, nem mulher; pois todos sois um em Cristo Jesus."*
> *(Gálatas 3: 26-28)*

A verdade é que meu passado é passado. Não é mais parte de mim ou de minha vida. Foi deixado para trás. É porque Deus me diz para esquecer o passado, pois Ele apagou meus pecados e não se lembra mais deles. Portanto, não devo permitir eu mesmo voltar a minha vida antiga e reviver as coisas anteriores. Não devo conviver com o passado. Devo ir adiante com Jesus Cristo que é minha força, minha vida. Não retornando, sempre passando para frente. "Não lembreis das coisas passadas, nem considereis as coisas antigas. Eis que faço coisa nova...." (Isaias 43:18,19). Deus continuou a dizer, "Eu mesmo sou o que apago as tuas transgressões por amor de mim: e de seus pecados, não me lembro. Faze-me lembrar, entremos juntos em juízo; conta suas razões, para que possa ser justificado" (Isaías 43:25-26). Se você está em Cristo Jesus, é nova criatura em Cristo - a justiça de Deus, realeza, um rei, um sacerdote e uma criança do Mais Alto Deus.

> *Querido Deus meu Pai; Agradeço-lhe, por me adotar em Sua família e por fazer-me Seu filho. Eu estava em um mundo de escuridão, morte e inferno e você me transferiu para o Seu Reino, na sua luz. Oro para que seu Espírito Santo me mantenha na luz do seu Reino e que me capacite trazer glória ao seu nome. Obrigado, Pai. Peço em nome de Jesus. Amém.*

2

UM NOVO NOME

"Eu estabelecerei minha aliança entre mim e você e te multiplicarei extremamente." (Gênesis 17:2)

Muito antes de Deus dar a lei para Moisés, Deus falou com um homem chamado Abrão que morava na casa de seu pai, juntamente com sua esposa Sarai, num país chamado Ur. Estava cuidando de seu negócio e fazendo suas próprias coisas, quando o Senhor o chamou. Deus chamou Abrão para andar com Ele e lhe fez uma promessa.

"Ora o Senhor disse à Abrão. 'Sai da tua terra, da tua família e da casa de teu pai, para a terra que eu te mostrarei. Far-te-ei uma grande nação; abençoar-te-ei e engrandecerei o seu nome; e serás uma bênção. Abençoarei quem lhe abençoar e amaldiçoarei quem lhe amaldiçoar: e em você todas famílias da terra serão abençoadas.' Então Abraão partiu como o Senhor falara com ele..."(Genesis 12:1-4)

Então, Deus mudou seu nome de Abrão para Abraão, que é uma

versão menor de uma frase semântica que significa Pai de muitas nações; o nome de sua esposa mudou para Sarah.
É importante notar três coisas específicas que ocorreram. Deus fez três exigências para Abraão. Primeira: deixar a casa de seu pai. Segunda: abandonar sua família. Terceira: deixar seu país. Devemos entender que essas coisas não eram fáceis fazer. A casa do pai de Abraão lhe ofereceu proteção. Tinham proteção e segurança em sua família. Como também havia alimento e comunhão em seu país. Entretanto, para que Abraão se tornasse o que Deus queria que ele fosse, ele teria de atender às exigências de Deus, pois elas estavam ligadas à grande promessa. O que podemos aprender da obediência de Abraão a essas exigências de Deus?

Nesses atos de obediência, vemos separação. Ele se isolou - uma separação de seu pai, família e do país. Deste modo, algo muito profundo aconteceu. O seu nome vem do seu pai. De sua família, vem sua identidade. Do seu país, vem sua nacionalidade. Para obedecer à vontade de Deus, Abraão perdeu tudo: nome, família e nacionalidade. Ele não mais receberia a ajuda de seu pai. A proteção e provisão de seu pai ou família seriam cortados. Outro fator muito importante também é que não mais seria influenciado por seu pai. Além disso, ele não mais louvaria o "deus" de seu pai. No momento em que Abraão obedeceu ao Senhor, Deus, nosso Pai se tornou seu Deus e Pai celeste!

O Senhor prometeu a Abraão que Ele lhe daria a sua própria casa. Ele não iria apenas receber sua própria casa; embora Deus iria fazer dele uma grande nação. Deus também iria fazer seu nome grande. Assim, Abraão deixou a casa do seu pai, deixou de se submeter à influência dele e se distanciou de todos os efeitos negativos da vida de seu pai. Ele partiu da família de seu pai, para entrar em sua própria família. Ele também deixou seu velho país para obter o seu próprio. Abraão se tornou um novo homem e seus descendentes se tornaram um novo povo.

ALIANÇA

Deus sempre solidifica Seu acordo com o homem. Ele o fez com Abraão.

> *Quando Abraão estava com noventa e nove anos de idade, o Senhor apareceu a ele e lhe disse, 'Eu sou o Deus Todo poderoso; ande segundo a minha vontade e seja íntegro. Eu estabelecerei minha aliança entre mim e você e multiplicarei muitíssimo a sua descendência." Então Abraão prostou-se com o rosto em terra e Deus lhe disse: "De minha parte, esta é a minha aliança com você. Você será o pai de muitas nações. Não será mais chamado Abrão; seu nome será Abraão, porque eu o constituí pai de muitas nações. Eu o tornarei extremamente prolífero; de você farei nações e de você procederão reis. Estabelecerei a minha aliança como aliança eterna entre mim e você e os seus futuros descendentes¬, para ser o seu Deus e o Deus dos seus descendentes. Toda a terra de Canaã, onde agora você é estrangeiro, darei como propriedade perpétua a você e a seus descendentes; e serei o Deus deles." (Gênesis 17: 4-8)*

Então Deus disse a Abraão:

> *"De sua parte", disse Deus a Abraão, 'guarde a minha aliança, tanto você como os seus futuros descendentes. Esta é a minha aliança com você e com os seus descendentes, aliança que terá que ser guardada: Todos os do sexo masculino entre vocês serão circuncidados na carne. Terão que fazer essa marca, que será o sinal da aliança entre mim e vocês. Da sua geração em diante, todo menino de oito dias de idade entre vocês terá que ser circuncidado, tanto os nascidos em sua casa quanto os que forem comprados de estrangeiros e que não forem descendentes de vocês.*

> Sejam nascidos em sua casa, sejam comprados, terão que ser circuncidados. Minha aliança, marcada no corpo de vocês, será uma aliança perpétua. Qualquer do sexo masculino que for incircunciso, que não tiver sido circuncidado, será eliminado do meio do seu povo; quebrou a minha aliança.' Disse também Deus a Abraão: 'De agora em diante sua mulher já não se chamará Sarai; seu nome será Sara. Eu a abençoarei e também por meio dela darei a você um filho. Sim, eu a abençoarei e dela procederão nações e reis de povos.'"
> (Gênesis 17: 5-16)

Abrão recebeu um novo nome, Abraão. Não mais foi chamado ou conhecido pelo que seu pai terrestre o chamou. Ele agora foi chamado pelo que seu Pai Celeste o chamou - Abraão. Então, Abraão recebeu a terra:

> "Naquele dia, o Senhor fez a seguinte aliança com Abraão e disse: 'Aos seus descendentes dei esta terra, desde o ribeiro do Egito até o grande rio, o Eufrates: a terra dos Queneus, dos Quenezeus, dos Cadmoneus, dos Hititas, dos Ferezeus, dos Refains, dos Amorreus, dos Cananeus, dos Girgaseus e dos Jebuseus.'"
> (Gênesis 15:18-21)

Aquele nome lhe deu uma nova identidade. Abraão recebeu um novo nome, uma nova identidade, uma nova família, se tornou uma nova nação, um novo povo e recebeu uma nova herança.

Deus oferece o mesmo aos Seus filhos, especialmente escolhidos, que foram salvos e nascidos de novo. Ele nos deu um novo nome próprio Dele: "Cristão" e nova identidade, exatamente como Abraão o recebeu. Ele nos introduz à sua nova família e nos dá um novo país e uma nova nação - Seu Reino. Assim, somos um novo povo, que recebe uma nova herança no presente. Está pronto?

Se você ainda não fez a oração da salvação, ore de dentro de seu coração. Faça o convite a Jesus Cristo para ser seu Senhor e Salvador. Você iniciará uma nova vida. A antiga vida será eliminada. Você será capaz de viver, mover e ter seu ser em Jesus. Quando o recebeu como Senhor e Salvador, seu sangue lhe purifica de todos os pecados. Você, então, é apresentado a Deus, o Pai, totalmente puro e santo. Deus se torna seu Pai. Vá em frente e faça isso agora. Será maravilhoso. Eu lhe prometo.

"Querido Deus, aceito Jesus Cristo como meu Senhor e Salvador. Me arrependo de toda minha iniquidade. Renuncio à Satanás e a tudo o que ele faz. Estou triste por todos os pecados que infringi. Por favor, perdoe-me e lave-me com o sangue de Jesus Cristo, o Messias, teu Filho e me torne totalmente limpo. Por favor, encha-me com teu Santo Espírito. Agradeço-te por fazer-me hoje, totalmente, uma nova pessoa. Sei que nunca serei responsável pelos pecados de meus antepassados. Deus, tu és meu Pai, agora. Minha herança vem de ti. E tua herança é justa. Tudo isso peço no nome de Jesus Cristo seu Filho. Amem!"

3
ADOTADO

"Far-te-ei uma grande nação; Abençoar-te-ei e engrandecerei seu nome; e serás uma bênção." (Gênesis 12:2)

Paulo estava tão irritado com Pedro, o Apóstolo, a quem confrontou uma vez, em frente a uma multidão de pessoas, sobre uma situação particular. O Apóstolo Paulo não poderia ficar parado e deixar as coisas do jeito que estavam. Ele estava totalmente persuadido e convencido, em seu coração, sobre a compreensão das Escrituras. Ele também acreditava, firmemente, que lhe foi dado discernimento nessas coisas, pelo Espírito Santo, que confrontou a situação de frente. Ele não poderia permitir que vivessem da maneira como estavam indo. Algumas vezes, isso é exatamente que precisamos ser. Jesus fez isso!

Quando os homens reunidos no Templo de Deus estavam negociando e vendendo mercadorias, Jesus ficou nervoso. Ele ficou tão nervoso que os expulsou do Templo com um chicote; forçou-os sair para fora da Casa de Deus. Ninguém podia fazer ou dizer nada para Ele. Por quê? Porque Ele estava certo. Os compradores e vendedores sabiam que estavam agindo errado. Ainda mais os sacerdotes e os anciãos, que tinham mais conhecimento, ficaram parados, sem dizer nada e não fizeram nada. O agir errado continuou a ser praticado no próprio templo, por um longo tempo e isso era naturalmente aceito por todos. Isso não aconteceu da noite para o dia.

> *"Quando já estava chegando a Páscoa judaica, Jesus subiu a Jerusalém. No pátio do templo viu alguns vendendo bois, ovelhas e pombas, e outros assentados diante de mesas, trocando dinheiro. Então ele fez um chicote de cordas e expulsou todos do templo, bem como as ovelhas e os bois; espalhou as moedas dos cambistas e virou as suas mesas." (João 2:13, 14)*

Algumas vezes, você e eu precisamos ficar nervosos como Jesus. Frequentemente, somos forçados a responder ao erro, assim como Jesus fez. Isso é uma coisa boa. Ainda que algumas pessoas possam não gostar disso. Temos que ficar de pé para o que é correto e bom à vista de Deus. As pessoas nem sempre aceitam o que dizemos de braços abertos, mas se estamos certos sobre o que acreditamos e, Deus nos convenceu disso, precisamos agir. Precisamos falar.

Paulo não podia esperar. Ele tinha que agir. Ele sabia que precisava falar. Se ele não o fizesse, a prática errada teria continuado por muito tempo, e as pessoas continuariam na escuridão do ensino falso. Ele confrontou Pedro, o qual não podia responder negativamente à verdade, porque era a verdade. Você não pode derrotar a verdade.

> *"E, chegando Pedro à Antioquia, lhe resisti na cara, porque era repreensível; Por que, antes que alguns tivessem chegado da parte de Tiago, comia com os gentios; mas, depois que chegaram, se foi retirando, e se apartou deles, temendo os que eram da circuncisão. E os outros judeus também dissimulavam com ele, de maneira que até Barnabé se deixou levar pela sua dissimulação. Mas, quando vi que não andavam bem*

e corretamente conforme a verdade do evangelho, disse a Pedro na presença de todos: Se tu, sendo judeu, vives como os gentios, e não como judeu, por que obrigas os gentios a viverem como judeus? Nós somos judeus por natureza, e não pecadores dentre os gentios. Sabendo que o homem não é justificado pelas obras da lei, mas pela fé em Jesus Cristo, para sermos justificados pela fé em Cristo, e não pelas obras da lei; porquanto pelas obras da lei nenhuma carne será justificada. Pois, se nós, que procuramos ser justificados em Cristo, nós mesmos também somos achados pecadores, é porventura Cristo ministro do pecado? De maneira nenhuma! Porque, se torno a edificar aquilo que destruí, constituo-me a mim mesmo transgressor. Porque eu, pela lei, estou morto para a lei, para viver para Deus. Já estou crucificado com Cristo; e vivo, não mais eu, mas Cristo vive em mim; e a vida que agora vivo na carne, vivo-a pela fé do Filho de Deus, o qual me amou, e se entregou a si mesmo por mim. Não aniquilo a graça de Deus; porque, se a justiça provém da lei, segue-se que Cristo morreu em vão." (Gálatas 32:11-21)

O QUE É ISSO TUDO?

Bem, Pedro e alguns outros apóstolos estavam ensinando aos Gentios a viverem como os Judeus. Os gentios são pessoas não judias. Pedro e os outros apóstolos Judeus queriam que os Gentios praticassem as leis dos Judeus. Basicamente, eles estavam ensinando às pessoas de uma nova nação a praticar as leis de uma outra nação. Eles não só eram Gentios, eram uma "nova nação" em Cristo. Eram cristãos.

Eram de várias nações diferentes. Como se tornaram nascidos de novo e se juntaram ao Corpo de Cristo, eles não mais consideravam os irmãos de acordo com o país do qual vieram ou qual nacionalidade. Como Cristãos, eles se tornaram parte de outro Reino (de Deus), eles receberam uma nova nacionalidade e eram chamados por outro nome - Cristãos. No mesmo modo, você se tornou parte de uma "nova nação". Faz parte do Reino de Deus e é chamado por um novo nome - Cristão. Havia certas leis e regulamentos que os Judeus Cristãos praticavam, que Pedro e outros desejavam que os Cristãos Gentios também praticassem. Entretanto, estas observâncias que eles praticavam eram todas preenchidas em Jesus Cristo. Os Cristãos não necessitam, nem deveriam praticá-las. Paulo, portanto, demonstrou que a vida de um Cristão é baseada na fé e não nas obras.

Com Temor e Tremor

É muito importante tomarmos toda precaução para interpretarmos corretamente a Palavra de Deus. Várias pessoas poderiam se machucar, serem levadas por um caminho errado, terem sua alegria e paz roubadas e sofrerem perdas de várias maneiras, se nós não o fizermos.

Maravilho-me de que tão depressa passásseis daquele que vos chamou à graça de Cristo para outro evangelho, O qual não é outro, mas há alguns que vos inquietam e querem transtornar o evangelho de Cristo. Mas, ainda que nós mesmos ou um anjo do céu vos anuncie outro evangelho além do que já vos tenho anunciado, seja anátema. Como dissemos anteriormente, então agora digo novamente, "se alguém vos anuncie outro evangelho além do que já vos tenho anunciado, seja anátema. (Gálatas 1:6-9)

A Palavra de Deus é vida. Ela dá a vida. Se nós apenas nos mantivermos na Palavra de Deus ao ensinarmos, e com a ajuda do Espírito Santo tivermos um completo entendimento do que ela diz, nós não estaremos errados. Se não estou certo do que a Bíblia está revelando para mim sobre um determinado assunto, deixo-o de lado até que o compreenda completamente. Deixo que o Espírito Santo o interprete para mim e me guie na sua verdade. Mesmo que eu esteja convicto de que estou certo no meu entendimento do que acredito, não irei ensinar até que eu esteja seguro disso. É por isso que estou escrevendo esse assunto agora. Ele "ferveu" em mim por um bom tempo. Então, meu objetivo é trazer você à verdade que irá libertar-lhe. Oro a Deus que abra seus olhos para compreender e quebrantar seu coração, para receber o que Ele está lhe revelando hoje.

Paulo ainda disse: "Ó, insensatos Gálatas! Quem vos fascinou para não obedecerdes à verdade, a vós, perante os olhos de quem Jesus Cristo foi evidenciado, crucificado, entre vós?" (Gálatas 3:1). Vamos olhar com atenção e investigar esse assunto relacionado a maldições, particularmente às maldições geracionais. Vamos prestar muita atenção nelas; não passando por cima ou somente lançando um rápido. Vamos implorar ao Espírito Santo para nos guiar e nos ensinar aquilo que é verdade; pois aquele conhecimento da verdade nos libertará. Ore comigo:

Querido Pai, sou grato por ser chamado Seu filho. Sou eternamente grato por ter colocado Jesus Cristo na cruz para morrer para me redimir do pecado e inferno. Por favor, esclareça meu entendimento para perceber completamente o que Tu estás falando comigo e guia-me em toda verdade para que eu não possa desviar do caminho da justiça. Peço em nome de Jesus. Amém.

4
O ESPÍRITO ÓRFÃO

"Não vos deixarei órfãos; voltarei para vós." (João 14:18)

O fato é que um 'espírito órfão' saiu pelo mundo para destruir incontáveis números de Cristãos. Tem operado no Corpo de Cristo há décadas, talvez, mesmo por séculos. É um espírito tão mascarado e escondido sob uma cobertura excepcional, que não é fácil descobri-lo. Jesus disse: "Não vos deixarei órfãos; voltarei para vós" (João 14:18). Algo está sendo ensinado e tem sido ensinado por muito tempo para o Corpo de Cristo. Tem sido totalmente entrelaçado e sutil ao lado de outros ensinamentos que é, algumas vezes, impossível para muitas pessoas, distinguir entre eles. Quase não é notado. Pastores o pregam. Autores escrevem sobre ele. Professores o ensinam e nenhum deles nem sequer percebem que fizeram uma doutrina sobre ele. Assim, estão se corrompendo e debilitando Cristãos em todas as esferas da vida.

Esse espírito e mentalidade órfãos penetraram no Reino de Deus. Estão na maioria das igrejas. Têm tomado seu lugar em nossas casas, escolas, trabalho e em nossos locais de negócios. Ninguém parece reconhecer que eles existem mesmo. Se você fosse perguntar sobre eles, você mais provavelmente teria uma resposta definida como: "Não, não vejo um espírito órfão na Igreja". Alguns podem perceber que há um espírito órfão operando na Igreja, ou que está aos arredores, mas não podem apontar o dedo a ele. Está tão sutilmente escondido entre galhos e folhas que as pessoas não o reconhecem. Ele é tão bem disfarçado que é quase impossível separá-lo dentre o joio e o trigo. No fundo dos pratos das pessoas, você o achará bem saturado nos bifes e batatas. Entretanto, elas têm comido, ingenuamente, como balas que são dadas a crianças.

Um espírito órfão é o agente para os sentimentos de falta, abandono e ausência de pais. É o poder por trás da força da rejeição, desânimo e desencorajamento. É o mesmo espírito que causa as pessoas terem baixa autoestima e serem autoconscientes. Pervade o sentimento de escravo ou de servo humilde e sentimentos de inutilidade, como se você não fosse digno de nada e não merecesse nada de Deus. Esses todos são parte da influência desse espírito órfão. Esse é o espírito que provoca os Cristãos a acreditarem em todas as inverdades sobre eles mesmos como filhos de Deus.

FILIAÇÃO

Um relacionamento entre um pai e seu filho é bem diferente de outros relacionamentos. Há uma forma de segurança em um bom pai que não é similar à segurança que alguém recebe de outros. Há sentido em ir ao pai, quando as coisas vão mal, e Elefará o certo. Uma consciência existe quando tudo dá certo, quando papai está perto, mas o que acontece se papai não está perto? "Ah, Pastor, mas Deus é meu pai". Isso é realmente verdadeiro? Isso é como você realmente sente? É como você verdadeiramente acredita? Então, porque se sente tão terrível quando algum problema chega à porta? Por que algumas vezes você quer desistir de viver e se sente como se ninguém se importasse com você e que Ele não estivesse vindo até você? Por que você grita em desespero: "Onde estás Deus?" Se você realmente acredita que Deus é seu pai, por que você não acredita que Ele virá até você?

Um espírito órfão diz: "Deus não se importa comigo. Deus se esqueceu de mim. Ele não pensa em mim. Ele não me ouve. Deus está longe de mim. Ele me deixou para lutar sozinho nas batalhas. O vosso adversário, o Diabo, anda em derredor, ao longo da Cristandade, "buscando a quem possa tragar (I Pedro 5:8). Infelizmente, a multidão já está presa em suas garras.

Mundo Dividido

Um dos meus maiores desejos é ver o povo de Deus verdadeiramente estudando a Bíblia. Minha oração é que eles mesmos procurem a verdade, supondo que seus mestres são cegos. É como se eles se alimentassem e não as ovelhas. É exatamente como Jesus disse: "Deixai-os. Eles são guias cegos; E se um cego guiar outro cego, ambos cairão no barranco" (Mateus 15:14). Não é o desejo de Deus que Seu povo permaneça em cadeias. Também é seu desejo que todos permaneçam de olhos abertos para a verdade. Ele deseja que seu povo fique livre do espírito órfão. Só há uma maneira para ficar livre: "E conhecereis a verdade, e a verdade vos libertará" (João 8:32). Somente vivendo a verdade – A Palavra de Deus o libertará.

Querido amigo, irei, com a devida diligência, compartilhar com você, agora mesmo, verdades do tesouro que segura em suas mãos. Irei confiar totalmente na Palavra de Deus e do Espírito Santo para declarar e demonstrar-lhe Suas revelações para que você se liberte completamente do espírito órfão. O que muitas pessoas fazem quando recebem pagamento? O que você faz quando tem dinheiro? Muitas pagam suas contas. Eles compram mantimentos, roupas bonitas, sapatos ou o que mais desejarem. Outros preferem economizar, depositando em um banco. Outros, ainda, podem até escondê-lo em algum lugar da sua casa; algumas pessoas ainda fazem isso, você sabe. E há aqueles que primeiro dão seus dízimos e ofertas à igreja e depois, saem para fazer compras.

A Bíblia diz que o dinheiro responde a tudo. Isso é verdade. Quando você tem o suficiente, ele supre suas necessidades e mais alguma coisa. Você precisa ter dinheiro para viver livre de dívidas, pagar as suas contas e comprar as coisas de que precisa. Não é? "Para rir é que se dá banquete, e o vinho alegra a vida; e por tudo o dinheiro responde" (Eclesiastes 10:19). É assim com a Palavra de Deus. Você tem que receber a verdade da Palavra de Deus para libertá-lo da decepção do ensino vindo de púlpitos, livros, vídeos e televisão, durante décadas. É quando você conhecer a verdade, que o libertará.

A Bíblia diz: "Procura apresentar-te diante de Deus aprovado, como obreiro que não tem de que se envergonhar, que maneja bem a palavra da verdade" (II Timóteo 2:15). A Palavra de Deus não se compartilhará, por si só, corretamente para você. É o seu trabalho, e o meu, abri-la, pesquisar dentro dela e corretamente compartilhá-la com a orientação do Espírito Santo. Se você não fizer isso por você mesmo, Satanás continuará a usar os mestres que o alimentarão com fermento misturado em sua massa, e você permanecerá na escuridão da ignorância. Não acredito, porém, que alguém queira ficar na escuridão, quando temos a gloriosa luz de Deus disponível para nós, principalmente, quando temos o Espírito Santo para nos guiar em toda a verdade.

AVALIE

Você tem que avaliar tudo que lhe é ensinado. Você precisa pedir ao Espírito Santo por direção e discernimento. Ele é o único que vai guiá-lo no caminho da verdade. Ele dirá se algo está errado com o que você está lendo, vendo ou ouvindo. Quando ouvir alguma pregação ou quando vir uma demonstração na televisão ou em outro lugar, que parece ser de Deus, mas não é, haverá um clique dentro de você que significa: "Olhe de novo. Pressione novamente e ouça o que foi dito. Verifique na Bíblia. Nunca despreze aquele clique dentro de você que diz: "Espere um pouco." Somente diga: "Espírito Santo fale comigo. Mostre me, Senhor". Ele é seu Guia final e verdadeiro; Escute-o. Se não corrigirmos o que está errado no Corpo de Cristo agora mesmo, eu não acho que isso será corrigido antes da volta do Senhor Jesus Cristo. É porque acredito que Ele está voltando logo.

Correção

Como podemos corrigir esse erro e concertar o dano que ele tem feito? Bem, como Jesus fez isso? Ele ensinou a verdade. Ele trouxe luz à escuridão de Israel, quando estavam desesperadamente necessitando dela; mesmo assim, eles a rejeitaram. Ele instruiu Seus discípulos, esclareceu-lhes as Escrituras e lhes mostrou os erros que estavam sendo ensinados pelos Fariseus, Saduceus e outros. Isto é como ele o fez! Temos que fazer o mesmo.

Você tem um Pai

A fim de combater a síndrome do espírito órfão, a primeira coisa que Jesus fez, foi certificar-se de que Seus discípulos compreenderam que eles tinham um pai. Ele se certificou de que sabiam que não tinham nenhum pai, além do seu Pai, que era Deus. Além disso, garantiu-lhes que eles entendessem que Ele nunca os deixaria e nem os abandonaria.

"Não se turbe o vosso coração; credes em Deus, crede também em mim" (João 14:1). Esta é uma das mais profundas declarações de Jesus na Bíblia. Primeiro, Jesus nos diz para não temer. É porque nosso inimigo número um é medo. O medo é o fator tropeçador, o destruidor da fé, o matador da esperança, o removedor da verdade, o plantador de dúvida e o fator de morte na Cristandade. Por isso, a primeira declaração de Jesus aqui, é: "Não temas".

Acredite em Deus

Jesus disse: "Creiam em mim". Bem, agora você acredita em Deus, mas não crê em Jesus Cristo? Muitos Fariseus, Saduceus e outras pessoas naqueles dias também não criam em Jesus Cristo como o Messias. O mesmo acontece hoje. Há muitos que não acreditam em Jesus. Se você não crê em Jesus, você não tem, absolutamente, salvação e não tem o caminho para chegar ao céu. "Disse-lhe Jesus: Eu sou o caminho, e a verdade e a vida.

Ninguém vem ao Pai, senão por mim." (João 14:6).

Deus Único

"O perfeito amor de Deus por nós lança fora o temor" (I João 4:18). Então, sua mente está clara. Você crê em Deus e em Jesus. Isso é importante. É também importante compreender que, mesmo assim, eles são dois, porém eles são um. O discípulo de Jesus, Felipe, lhe fez uma pergunta uma vez, sobre uma certa questão e Jesus lhe respondeu deste modo:

> *"... Estou há tanto tempo convosco, e não me tendes conhecido, Filipe? Quem me vê a mim vê o Pai: e como dizes tu: 'Mostra-nos o Pai'? Não crês tu que eu estou no Pai, e que o Pai está em mim? As palavras que eu vos digo não as digo de mim mesmo, mas o Pai, que está em mim, é quem faz as obras. Crede-me que estou no Pai, e o Pai em mim: Crede-me, ao menos, por causa das mesmas obras." (João 14:9-11)*

Não há dúvida em sua mente de que Deus, o Pai, Jesus Cristo e o Espírito Santo são um? Se você irá se livrar da influência, força e mentiras do espírito órfão, você terá que acreditar nesta verdade. É mais importante que você creia na Trindade – eles são um.

Por favor, entenda que Jesus estava falando aos Judeus. Se você estudar o Antigo Testamento, vai achar que os Judeus não referem-se a Deus como Pai, tanto quanto o faziam com Abraão, Isaque e Jacó. "Entretanto, produzi, pois, frutos dignos de arrependimento; não presumais de vós mesmos, dizendo: Temos por pai a Abraão" (Mateus 3:8-9) como também,

> *"Ele ajudou seu servo Israel, recordando-se da sua misericórdia, Como falou a nossos pais, para com Abraão e sua posteridade, para sempre" (Lucas 1:54-55).*

DEUS É MEU PAI

Os Judeus precisavam compreender que Deus era seu Pai para que verdadeiramente vissem e acreditassem que eles eram Seus filhos. Este era um novo conceito que Jesus estava ensinando aos seus seguidores. Eles precisavam capturar a verdade da "filiação", para que, como filhos de Deus, pudessem aceitar e receber Sua provisão para eles. Uma dessas provisões seria Seu único gerado Filho, Jesus Cristo. Você e eu temos que nos agarrar bem a essa verdade também de que Deus é nosso Pai. Você é um filho de Deus. Quando esta afundar em seu coração, tudo irá mudar; não só quando ela penetrar em sua mente, mas quando cair dentro do seu coração. Ela se tornou parte do seu ser; dentro de você, uma realidade verdadeira. Essa verdade de Deus como seu Pai torna-se tão real para você, que não importa o que aconteça, o que alguém disse, quais experiências teve ou o que está experimentando no momento; nada será capaz de lhe tirar a compreensão e o conhecimento. Quando ela se enraizar, nada poderá retirá-la do seu coração.

Durante muitos anos de ministério com o povo de Deus, tenho encontrado numerosos Cristãos que não têm uma profunda convicção de que Deus é seu Pai. Eles acham que acreditam que Ele é seu Pai, mas é somente um sentimento religioso superficial, sem nenhuma firmeza. Quando qualquer vento ou mentiras passam soprando, eles jogam aquele sentido superficial de "Deus é meu Pai" para fora de seu sistema de crença. Eles destroem qualquer confiança que possam ter em Deus como Provedor e Protetor. Satanás então se torna maior aos seus olhos. Você precisa que esta verdade, "Deus é meu Pai", passe além de sua garganta. Muitos não podem fazer isso, por causa de muitas mentiras que Satanás colocou em seus corações sobre eles mesmos. Eles acreditam que não merecem ser filhos de Deus. Depois de tudo, dizem, "Vejam a vida que levo. Deus não poderia ser meu Pai". Ele poderia salvá-los através de Seu Filho, Jesus Cristo, mas seria longe demais, ser o Pai deles. Eles achavam que não mereciam isso. Ess ideia é a maior decepção catastrófica que Satanás criou nos Cristãos com a síndrome do espírito órfão.

Podemos realmente provar que Deus é seu Pai? É Deus verdadeiramente o seu Pai, exatamente como Ele era e é o Pai de Jesus? E se Ele é o Pai de Jesus, como pode ser o seu Pai? Não estamos falando de Deus como único, mas o "Deus o Pai" na Trindade. O foco da nossa discussão é provar que esse mesmo Deus Poderoso é seu Pai! Jesus disse: "Não vos deixarei órfãos; voltarei para vós" (João 14:18). Se Deus lhe diz que Ele não irá deixá-lo como um órfão, isso significa que Ele, como um Pai, tem provisões para você. Ele não pode se referir a você como um órfão e lhe dizer que Ele não o deixará como tal, se Ele não irá tomar providência para corrigir sua situação de órfão.

Por que Jesus falou a verdade com Seus discípulos? Além do mais, por que ele também nos lembra disso atualmente? Não é porque Ele sabia do dilema em que estaríamos? Jesus sabia que muitos se sentiriam como órfãos e seriam rejeitados e perdidos, apesar de serem salvos, mesmo que estejam no caminho para o Céu. Ele sabia que muitos Cristãos não entenderiam a profundidade da filiação ou compreender profundamente em seu interior que Deus é seu Pai. Visualizando 2.000 anos à frente, Jesus sabia que um espírito órfão iria andar largamente no Seu Corpo, a Igreja. Ele queria estar certo de que saberíamos que esse não era o Seu desejo para nós. Não é o lugar que Ele deseja que estejamos. Portanto, Ele disse: "não os deixarei órfãos". Ele ainda disse:

E eu rogarei ao Pai, e ele vos dará outro Consolador, para que fique convosco para sempre; O Espírito de verdade, que o mundo não pode receber, porque não o vê nem o conhece; mas vós o conheceis, porque habita convosco, e estará em vós. (João 14: 16,17)

Ele viverá em você e estará em você. O mundo não pode recebê-lo. Lembre-se disso! Não me admira que eles também não recebam a você, mas Ele estará dentro de você e com você. Como Cristão, você deve reconhecer que Jesus está no Pai ou é um com Deus, o Pai, e Ele vive em você pelo Espírito Santo. "Ainda um pouco, e o mundo não me verá mais, mas vós me vereis. Porque eu vivo, e vós vivereis. Naquele dia conhecereis que estou em meu Pai, e vós em mim, e eu em vós" (João 14:19,20). Previamente, Ele disse: "... voltarei para vós". Como Ele voltará para vós? Como o Espírito Santo e pelo Espírito Santo. Sim, é um grande mistério e não é facilmente explicado.

No momento em que você recebe Jesus Cristo como seu Senhor e Salvador, o Espírito Santo vem viver em seu espírito. Além disso, é quando Jesus vem até você. Entretanto, não só Jesus vem, mas também o Pai. Não disse Jesus? "Meu Pai e eu somos um?" (João 10:30) então, novamente, "Jesus respondeu, e disse-lhe: 'Se alguém me ama, guardará a minha palavra, e meu Pai o amará, e viremos para ele, e faremos nele morada.'" (João 14:23)

Por favor, lembre-se e sempre mantenha essa verdade no seu coração: Deus é seu Pai. Você é Seu filho ou filha. Além disso, Ele vive em você. Filiação com Ele é sua e tudo que isso significa. Você precisa compreender completamente essa verdade para claramente ver e entender o restante de nossa discussão neste livro. Eu, realmente, desejo que não tenha dúvida no seu coração que você é filho de Deus e que Ele é seu Pai.

Enquanto procedemos, você terá agora, uma imagem melhor das revelações dadas pelo Senhor, porque você verdadeiramente acredita e sabe que Deus é seu Pai. Paulo chamou Deus, Pai: "a todos os que estais em Roma, amados de Deus, chamados para serdes santos: Graça a vós, e paz da parte de Deus nosso Pai, e do Senhor Jesus Cristo. Graça a vós, e paz da parte de Deus nosso Pai, e do Senhor Jesus Cristo" (Romanos 1:7). Então, novamente: "Porque não recebestes o espírito de escravidão, para outra vez estardes com temor, mas recebestes o espírito de adoção, pelo qual clamamos: Aba, Pai!" (Romanos 8:15).

Querido Deus, meu Pai, agradeço-lhe por não me deixar órfão, nem ter me deixado em um orfanato, mas me tornou seu filho e me levou para viver em sua casa. Você me tirou da escuridão e me colocou em sua maravilhosa luz. Você me salvou do inferno e Satanás e agora vivo em seu Reino – livre e com poder pelo seu Espírito Santo para viver santo e correto todos os dias de minha vida aqui na terra. Peço, que me ajude a sempre lembrar que você é meu Pai, que você me ama mais do que qualquer outra coisa no mundo, que você deseja o melhor para mim e que suas ações dirigidas a mim são regidas exclusivamente por seu amor. Ajude-me a lembrar que você perdoou todos os meus pecados, apagou todos eles e os esqueceu – eles não estão mais em sua memória. Agradeço-lhe por me perdoar sempre que eu confessar pecados cometidos e limpa-me de toda injustiça. Peço no nome de Jesus Cristo. Amém.

5
PERCA AQUELA VELHA VIDA!

"Pois que aproveita ao homem se ganhar o mundo inteiro e perder a sua vida? Ou que dará o homem em troca da sua vida?" (Mateus 16:26)

Perca aquela velha vida... e tudo que está associado a ela. A Bíblia diz: "Mas quem perder a sua vida por amor de mim, achá-la-á. Pois, quem quiser salvar a sua vida perdê-la-á; mas quem perder a sua vida por amor de mim, achá-la-á" (Mateus 16:26). Você perdeu a sua vida? Tem planos para perdê-la? Gostaria de perdê-la? Já considerou o que aconteceria se você perdesse a sua vida? O que você acha que poderia acontecer se você fosse perder a sua vida agora? O que isto significa para você? Se você fosse dizer a alguém que perdeu a sua vida, o que espera que eles entenderiam disso? Minha compreensão é que se você perder a sua vida, como Abraão que deixou sua vida antiga com sua família, isso significaria perder tudo que possui? Você perderia sua mãe, pai, irmã, marido ou esposa, filhos, casa, roupas, carro, dinheiro, tudo que sempre foi seu e toda herança que você tenha herdado. Quando você perde a sua vida, você realmente perde a sua vida. Ela se foi...

Jesus disse aos seus discípulos que eles teriam que perder suas vidas se fossem segui-lo. "Em seguida dizia a todos: Se alguém quer vir após mim, negue-se a si mesmo, tome cada dia a sua cruz, e siga-me. Pois, quem quiser salvar a sua vida perdê-la-á; mas quem perder a sua vida por amor de mim, achá-la-á. Pois que aproveita ao homem se ganhar o mundo inteiro e perder a sua vida?" (Lucas 9:23-25). Quando Jesus disse aos seus discípulos que eles precisariam negar a si mesmos e deixar a sua vida antiga, significa que eles teriam uma nova vida em Cristo, incluindo Seu nome. A vida anterior seria perdida. Eles teriam que trocar seu nome legal, em nome da proteção. Eles deveriam negar sua família.

Negar-se não apenas envolve negar os seus próprios desejos, ou desistir sempre do seu próprio caminho e fazer suas próprias coisas, mas também requer ter que rejeitar sua vida passada e aceitar uma nova em Jesus Cristo.

> *"Para que buscassem ao Senhor, se porventura, tateando, o pudessem achar; ainda que não está longe de cada um de nós; Porque nele vivemos, e nos movemos, e existimos; como também alguns dos vossos poetas disseram: Pois somos também sua geração. Sendo nós, pois, geração de Deus, não havemos de cuidar que a divindade seja semelhante ao ouro, ou à prata, ou à pedra esculpida por artifício e imaginação dos homens." (Atos 17:27-29)*

Nele, Cristo Jesus, você agora vive. Nele, você subsiste. É em Jesus Cristo que você se movimenta, vive, existe. Não é mais você quem vive, ou quem subsiste. Isso significa: "... Cristo em vós, a esperança da glória" (Colossenses 1:27).

Quando você foi batizado na água, você foi espiritualmente enterrado, assim como Jesus foi, após ser crucificado. Com isso, você despreza seu velho homem, sua velha vida, seus pecados, inquietações e estilo de vida. O "velho homem, você fez morrer". Desde que você perdeu sua vida, você deve ter morrido. Se morreu, então, você deve ter sido enterrado. Se você foi enterrado, permanece enterrado! Porque você permanece enterrado, tudo que era seu e pertencia a sua vida passada (caráter, atributos, modo de pensar e agir, estilo de vida passado, todas as heranças) também permanecerão mortos e enterrados. "Ou não sabeis que todos quantos fomos batizados em Jesus Cristo fomos batizados na sua morte? De sorte que fomos sepultados com ele pelo batismo na morte...." (Romanos 6: 3, 4).

"Também, no qual também estais circuncidados com a circuncisão não feita por mão no despojo do corpo dos pecados da carne, pela circuncisão de Cristo; Sepultados com ele no batismo..." (Colossenses 2:11,12).

Se você nasce de novo, você vive uma nova vida. Você vive Nele. Você tem uma nova vida em Cristo. Entretanto, você não é mais o mesmo. Você não é mais a mesma pessoa que era antes que "morreu" para si. Desde seu "novo nascimento", seus pais o perderam. Eles não são mais seus pais. Entenda, por favor. A Bíblia diz que você morreu. Se você morreu e foi enterrado, todos o perderam. Desde que você morreu, seu "eu" não mais existe; portanto, não há nenhuma herança qualquer. Não espere nenhuma! Para quem eles a darão? O seu velho "eu" não mais existe. Se enviassem a sua herança terrena para o seu endereço, o carteiro não encontraria você. Se a expedissem, você não estaria lá para assinar. Você não poderia recebê-la, pagar em dinheiro ou fazer um depósito numa conta bancária. Seu velho eu não existe aos olhos de Deus. A graça da lei de Deus é abundante para a nova criatura que você é; uma nova criação em Cristo.

Uma Nova Vida

Você tem uma nova vida. Você é uma pessoa diferente. Você deixou sua velha família para trás e todos os pertences de seu velho passado que morreu, foi enterrado e desapareceu. Portanto, se você agora vive em Cristo, deve viver a nova vida. Não é? Bem, é verdadeiro ou não? Está vivendo uma nova vida? Para começar, no entanto, responda a esta pergunta: Você recebeu uma nova vida? Então, vem à mente uma outra pergunta.

Foi-lhe dada uma nova vida? Se lhe foi dada uma nova vida, quem foi que lhe deu? Você não deve receber algo, se isso não lhe for dado. Você não pode possuir algo, quando isso lhe for dado, a não ser que o aceite. Certo? Então você o aceitou completamente? "... Sepultados com ele no batismo, nele também ressuscitastes pela fé no poder de Deus, que o ressuscitou dentre os mortos" (Colossenses 2:12, 13).

Tenho uma grande amiga Cristã que é uma crente poderosa em toda a palavra que Deus colocou na Bíblia. Ela foca nela toda, enfaticamente. Ela pode lhe dizer por sua própria experiência, como, com 13 anos de idade, sua meta era editar e escrever à água. Ela desistiu da ideia de ser uma escritora, pois o pagamento só é feito após o livro ser lançado. Ela desistiu da carreira universitária, um emprego no governo, perdeu um negócio por duas vezes, também sua irmã aos 30 anos e houve separação no casamento, quando não acreditava em divórcio. Em 2001, quando as torres gêmeas desabaram, ela perdeu sua escola internacional de línguas e 200 mil dólares, como também perdeu sua saúde. Devido ao estresse, ela teve pressão arterial extremamente alta e quase morreu por várias vezes. Quando estava à porta da morte, se levantou poderosamente pela fé e declarou a Deus: "Isto não é meu fim, temos trabalho a fazer". Durante um ano, Deus a fez editar e escrever à água. Ela tomava 18 pílulas por dia para ficar viva e não imaginava que poderia lecionar ou escrever novamente.

Ainda, alguns anos após, Deus a levou em duas viagens missionárias, pagas por ela mesma, para a Índia, onde pregou o Evangelho, diariamente, nas igrejas e para os pastores, e orava nas favelas e orfanatos. Em 2016, fundou a "Christian Publishing House" na Índia. Quando os extremistas Indus atacaram e queimaram todo o lugar, ela perdeu 150 mil livros cristãos no fogo de Hyderabad. Ela então decidiu realmente deixar todas as sementes secas no chão, como diz a Palavra: "Exceto, se uma semente cair no chão, não pode trazer uma nova vida". Ela perdeu tudo? Sim, muitas coisas, muitas vezes. Entretanto, aqui está sua decisão... Ela sabe e declara que Deus não só nos cura ou nos restaura como éramos antes (nos levando de volta para como éramos antes). NÃO! Ele nos traz de volta ao topo num nível mais alto, onde nunca estivemos antes. Ele nos coloca sobre uma rocha e nos exalta espiritualmente, mentalmente e fisicamente mais alto e melhor do que poderíamos fazer por nós mesmos. Em sua caminhada espiritual de fé, ela perdeu tudo, mas DEVOLVEU TUDO A DEUS PARA ELE FAZER TUDO O QUE HAVIA PLANEJADO. Ela pôde, então, ver QUAL O CAMINHO MAIS ALTO QUE ELE TINHA PARA ELA IR... Então, em 2017, ela está esperando pelo mover poderoso de Deus, que vai elevá-la a um plano superior, onde ela nunca esteve antes. O Deus perfeito irá cumprir. ISSO TUDO É DEUS.

IMAGINEM... Por que é muito importante, para Deus, pedir ao Seu povo para "perder suas vidas por Ele"? Quanto Ele perdeu por todos nós?

Então, novamente, "... assim como Cristo ressuscitou da morte pela glória do Pai, mesmo assim, nós, também, deveríamos andar em novidade de vida" (Romanos 6:3, 4). Jesus Cristo que foi ressuscitado da morte, tem uma nova vida, "assentado à mão direita do Pai que irá julgar tanto os vivos como os mortos" (II Timóteo, 4:1). Ele não está mais andando por aí na terra na carne. Ele não está mais amarrado a um corpo ferido que o manteve amarrado constantemente a uma localização. Agora, por Seu Espírito Santo, Ele pode viver em você, em mim e em outra pessoa que o receba. Não é maravilhoso que você próprio não foi deixado num túmulo para se deteriorar? Não está agradecido por Deus não lhe deixar corromper-se na terra? Ele lhe ergueu! "Porque, se fomos plantados juntamente com ele na semelhança da sua morte, também o seremos na da sua ressurreição" (Romanos 6:5). Ele o ressuscitou, assim como o fez com Seu Filho, Jesus Cristo. Não é incrível? Sim, meu amigo, Deus é surpreendente e faz coisas incríveis. Você não o ama? Eu, sim.

Você se uniu a Jesus, nosso Salvador, na morte e certamente, se uniu a Ele em Sua ressurreição. Portanto, você recebeu vida Nele e está definitivamente vivendo uma nova vida. Isso não tem nada a ver com a velha vida que você costumava ter. Pode ver isso agora? Compreende o que Paulo diz no verso acima das escrituras "E, quando vós estáveis mortos nos pecados, e na incircuncisão da vossa carne, vos vivificou juntamente com ele, perdoando-vos todas as ofensas." (Colossenses 2:13).

Deus perdoou todos os seus pecados. Ele não se lembra mais deles. Ele o tornou vivo juntamente com Jesus e não separado dele. Esqueça seus pecados passados. Não se lembre deles. Não pense neles ou habite neles. Você não mais tem que ficar pedindo a Deus perdão por eles. Eles se foram, eles foram apagados. Ele não se lembra mais deles. Este é o maior presente de todos os tempos e isso é para você. Posso lhe dar uma sugestão? Não perturbe Deus com seus pecados do passado. Fale com Ele sobre a sua vida atual. Discuta seu futuro com Ele. Pergunte a Ele, quais dos Seus desejos são para você. Diga a Ele o que está em seu coração, o que você quer fazer, e o que gostaria que Ele fizesse por você. Compartilhe com Ele, seus sonhos e aspirações. Ele deve lhe dar uma nova visão para a sua vida. Talvez, Ele irá traçar um mapa para você seguir. O Senhor pode lhe dar um plano de ação. Ele fará tudo isso para você se apenas pedir a Ele. Confie Nele! Você já fez a conexão entre sua vida e a de Cristo? Esta é a palavra de Jesus: "Por que vivo, você também viverá" (João 14:9). Você deve reconhecer, que você agora está vivendo por Sua vida. Lembre-se, você vive Nele e através Dele agora.

Um Nele

Bem, agora que sua vida está em Cristo Jesus, você compreende completamente que sua vida antiga passou e está enterrada? Que você não tem mais herança a obter da sua vida antiga? E que seus pais, espiritualmente falando, legalmente, não são mais seus pais? Em outras palavras, você e Cristo se tornaram um. Você está Nele e Ele está em você. Isso é um mistério. Desde que sua nova vida está em Cristo, Jesus e você são um Nele, o Pai de Jesus é seu pai! "Naquele dia conhecereis que estou em meu Pai, e vós em Mim, e eu em vós" (João 14:20).

A última oração de Jesus no Jardim de Getsêmani foi uma oração sobre nós – sobre as pessoas que ainda não nasceram. Ele não tinha ideia de nossa aparência. Ele orou:

> *"Pra que todos sejam um, como tu, ó Pai, o és em mim, e eu em ti; que também eles sejam um em nós, para que o mundo creia que tu me enviaste. E eu dei-lhes a glória que a mim me deste, para que sejam um, como nós somos um. Eu neles, e tu em mim, para que eles sejam perfeitos em unidade, e para que o mundo conheça que tu me enviaste a mim, e que os tens amado a eles como me tens amado a mim. E declarei a eles, Seu nome, e declararei que com o amor que Vós me amastes, esteja neles, e Eu neles."*
> *(João 17:21, 23, 26)*

Também, vós sois filhos de Deus pela fé em Jesus Cristo.

> *"Pois todos quantos foram batizados em Cristo assumiram Cristo. Dessarte, não pode haver judeu nem grego; nem escravo, nem liberto: nem homem, nem mulher; pois todos sois um em Cristo Jesus"*
> *(Gálatas 3: 26-28).*

Por que você não usa esse momento bem agora só para agradecer ao Senhor, pelo que Ele tem feito por você? Agradeça-lhe por se preocupar com você antes do seu nascimento. Agradeça-lhe por lhe dar uma nova vida. Agradeça-lhe pela salvação. Agradeça-lhe por libertá-lo para dentro do seu reino e prepará-lo para o Céu. Agradeça-lhe pela eternidade. Agradeça-lhe por tudo!

> *Querido Deus Pai, agradeço-lhe por minha nova vida em Cristo Jesus, meu Senhor e Salvador. Agradeço-lhe porque é Ele quem vive em mim e através de mim e me dá força. É por Seu Espírito Santo que Você me mantém e trabalhe Seu próprio plano e propósito para*

minha vida. Estou certo de que, a cada dia, sou conduzido por Você que nunca falhará. Estou vivo e bem e Você age em todas as coisas com o fim de me beneficiar. Dou-lhe graças no nome de Jesus Cristo, meu Senhor e Salvador. Amém.

6
MALDIÇÃO GERACIONAL

"... Porque eu, o Senhor teu Deus, sou Deus zeloso, que visito a iniquidade dos pais nos filhos, até a terceira e quarta geração daqueles que me odeiam." (Êxodo 20:5)

O termo 'maldição geracional' vem do livro de Êxodo, capítulo 20. Naqueles dias, os israelitas se voltaram contra Deus para servir ídolos, o que provocou a ira do Senhor. Ele, então, pronunciou punições aos descendentes dos adoradores de ídolos em Israel, até a terceira e quarta geração de crianças. É por isso o título 'Maldição Geracional'.

Paulo e Barnabé, mais tarde, no Novo Testamento, tiveram um conflito com os outros Apóstolos que quase explodiu em algo muito sério. A nova Igreja inteira poderia ter dividido em muitos pedacinhos. O problema, altamente contestado, era a respeito de questões sociais do Antigo Testamento versus Novo Testamento. Deveriam praticar este ou o outro? Os Gentios deveriam ter as mesmas exigências dos Judeus? Eles não adoravam o mesmo Deus? Portanto, o que era bom para os Judeus, era bom para os Gentios, não é? O problema é que eles não estavam mais sob a Lei Mosaica. Havia certos requerimentos naquela época, bem como hoje em dia, mas eles tinham que ser definidos. Era necessário clareza. Assim, muitas discussões haviam dentro e fora da Igreja, nos lares e fora no campo missionário.

Um dos argumentos referia-se à circuncisão. Os Gentios Cristãos deveriam ser circuncidadoscomo eram os Judeus Cristãos?

> *"Então alguns que tinham descido da Judéia ensinavam assim os irmãos: 'Se não vos circuncidardes conforme o uso de Moisés, não podeis salvar-vos.' Tendo tido Paulo e Barnabé não pequena discussão e contenda contra eles, resolveu-se que Paulo e Barnabé, e alguns dentre eles, subissem a Jerusalém, aos apóstolos e aos anciãos, sobre aquela questão."*
> *(Atos 15:1,2)*

Jerusalém era a sede da Igreja. Era onde os problemas do Corpo de Cristo eram deliberados e discutidos. Então, Paulo e Barnabé foram encontrá-los. "Alguns, porém, da seita dos fariseus, que tinham crido, se levantaram, dizendo que era mister circuncidá-los e mandar-lhes que guardassem a lei de Moisés" (Atos 15:5). Os "caras espertos" disseram que era mister circuncidá-los. Eles eram a elite quando se tratava da lei. Eles conheciam a lei dentro e fora, para frente e para trás, assim eles insistiam que os Gentios fossem circuncidados.

> *"Congregaram-se, pois, os apóstolos e os anciãos para considerar este assunto. E, havendo grande contenda, levantou-se Pedro e disse-lhes: 'Homens e irmãos, bem sabeis que já há muito tempo Deus me elegeu dentre nós, para que os gentios ouvissem da minha boca a palavra do evangelho, e cressem. E Deus, que conhece os corações, lhes deu testemunho, dando-lhes o Espírito Santo, assim como também a nós; e não fez diferença alguma entre eles e nós, purificando os seus corações*

pela fé. Agora, pois, por que tentais a Deus, pondo sobre a cerviz dos discípulos um jugo que nem nossos pais nem nós pudemos suportar? Mas cremos que formos salvos pela graça do Senhor Jesus, como também aqueles o foram." (Atos 15:6 – 11)

Como podem ver, este assunto não requeria um simples "sim" ou "não". Deliberaram por horas e discutiram o caso por um extenso período de tempo. Tinham que estar seguros antes de o apresentarem ao Corpo de Cristo. Não poderiam simplesmente dizer aos filhos de Deus para fazerem algo que não fosse justificado ou exigido por Deus.

Pedro ressaltou, aqui, várias coisas que são importantes para nossa discussão. Deus, semelhantemente, deu o Espírito Santo aos Judeus e Gentios Cristãos. Ele não fez distinção ou diferença entre eles. Eles todos receberam salvação através da fé e graça de Deus. Embora tenha dito algo tão importante, **"... por que tentais a Deus, pondo sobre a cerviz dos discípulos um jugo que nem nossos pais nem nós pudemos suportar?"** (Atos 15:10). Os judeus mais velhos não poderiam suportar o jugo ou carregar o fardo da Lei, ainda assim os Fariseus que se tornaram cristãos desejavam esse jugo para os Gentios.

"Então toda a multidão se calou e escutava a Barnabé e a Paulo, que contavam quão grandes sinais e prodígios Deus havia feito por meio deles entre os gentios. E, havendo-se eles calado, tomou Tiago a palavra, dizendo: Homens irmãos, ouvi-me: Simão relatou como primeiramente Deus visitou os gentios, para tomar deles um povo para o seu nome. E com isto concordam as palavras dos profetas; como está escrito: 'Depois disto voltarei, e reedificarei o tabernáculo de Davi, que está caído, levantá-lo-ei das suas ruínas, e tornarei a edificá-lo, para que o restante dos homens busque ao Senhor, e todos os gentios, sobre os quais o

meu nome é invocado, diz o Senhor, que faz todas estas coisas. Conhecidas são a Deus, desde o princípio do mundo, todas as suas obras. ... Porque Moisés, desde os tempos antigos, tem em cada cidade quem o pregue, e cada sábado é lido nas sinagogas." (Atos 15:12-21)

O DECRETO DE JERUSALÉM

Então, isto agradou aos apóstolos e anciãos e também a toda igreja, o envio de homens escolhidos, de sua própria companhia, à Antioquia, com Paulo e Barnabé, a saber, Judas que também era chamado Barsabé e Silas, líderes entre os irmãos. Eles próprios escreveram esta carta:

Apóstolos, anciãos e irmãos,

Aos irmãos dentre os gentios que estão em Antioquia, e Síria e Cilícia:

Saudações,

Porquanto ouvimos que alguns que saíram dentre nós vos perturbaram com palavras, e transtornaram as vossas almas, dizendo que deveis circuncidar-vos e guardar a lei, não lhes tendo dado mandamento, pareceu-nos bem, reunidos concordemente, eleger alguns homens e enviá-los com os nossos amados Barnabé e Paulo, homens que já expuseram as suas vidas pelo nome de nosso Senhor Jesus Cristo. Enviamos, portanto, Judas e Silas, os quais por palavra vos anunciarão também as mesmas coisas. Na verdade, pareceu bem ao Espírito Santo e a nós, não vos impor mais encargo algum, senão estas coisas necessárias: que vos abstenhais das coisas sacrificadas aos ídolos, e do sangue, e da carne sufocada, e da fornicação, das quais coisas bem fazeis se vos guardardes, Bem vos vá. Até lá. (Atos 15:24 29)

Semelhante aos apóstolos de antigamente, precisamos também ser diligentes, com a ajuda do Espírito Santo, ponderar, deliberar e interpretar a Palavra de Deus, com fidelidade, para nós mesmos, antes de apresentarmos a conclusão ao povo de Deus. Ela não é uma questão leviana. Ela é crucial para o bem de todos que leem, veem ou escutam. Devemos isto a eles, e além do mais, somos responsáveis diante do Senhor por qualquer ensino ou pregação.

Maldição Geracional

Uma "maldição geracional" é um assunto extremamente mal interpretado. Por isso, muitos Cristãos estão no cativeiro. Conhecimento mal interpretado, que não foi profundamente examinado, é prejudicial a qualquer pessoa, que escolhe aceitá-lo assim. É muitíssimo triste que isso seja exatamente o que tenha acontecido com um grande número de Cristãos hoje. Quase todas as pessoas que falam sobre "maldição geracional" discutem sobre a interpretação de um autor prominente e muito conhecido e professor que ensina no seminário, quando se trata desse assunto. Olhe o que ele escreveu: "Como um choque, você começa a imaginar se a razão de seus problemas poderia ser a mesma: uma maldição oriunda de gerações anteriores". Novamente, "uma maldição pode ser comparada a um braço longo do mal, estendido do passado que repousa sobre você com uma força opressiva escura que inibe..." (Derek Prince, "Bênção ou Maldição: Você pode escolher.")

Em seus escritos, Derek Prince tenta provar que os Cristãos estão, algumas vezes, sob uma maldição vinda das "gerações anteriores" ou estão sob um "braço longo do mal esticado do passado". Vários se referem a esses termos como: "maldição geracional". Observem o que foi escrito e considerem se o que ele diz é verdadeiro, conforme a Bíblia. Bem, não é verdadeiro? Pode um Cristão estar sob um "braço longo do mal estendido do passado" ou sob "uma maldição vinda de gerações anteriores"?

O que Derek Prince diz? A que se refere nessas citações? A sua referência está correta? Deveria ele ou nós nos referirmos a "maldição geracional" no contexto de "crentes nascidos de novo"?

Derek Prince escreveu: "numa jornada ministerial no sul da Ásia, encontrei uma juíza culta e inteligente, que era descendente da realeza. Ela aceitou a Jesus, pessoalmente, como seu Salvador e não estava consciente de qualquer pecado não confessado em sua vida. E ainda, ela me contou, que não estava realmente satisfeita. Sua carreira de sucesso e alta posição social não lhe trouxeram satisfação pessoal. Ao conversar com ela, descobri que era descendente de várias gerações de adoradores de ídolos. Expliquei a ela que, de acordo com Êxodo 20:3-5, Deus proferiu uma maldição aos adoradores de ídolos até a terceira e quarta geracões. Então mostrei a ela como receber libertação desta maldição através de seu Salvador Jesus." (Seu livro, "Bênção ou Maldição: Você pode escolher.")

Muitas coisas podem ser notadas nessa conversação entre Derek Prince e esta mulher. Antes de tudo, ela teve um berço real e teve a melhor educação; era uma juiza. Certamente, ela tinha muito sucesso. Nada lhe faltava materialmente. Tinha uma alta posição social e, com certeza, devia ser, altamente respeitada em sua comunidade. Por último, mas não menos importante, ela aceitou Jesus como seu Salvador pessoal e teve um novo nascimento.

Entretanto com tudo isso a seu favor, ela não tinha "realização pessoal". Assim, portanto, presumimos que ela estava sob uma maldição do passado. Está brincando comigo? Como uma realização pessoal tem a ver com maldições do passado de alguém? Se ela considerou Jesus como seu Senhor e Salvador, mas não se sentia pessoalmente satisfeita, é óbvio que ela estava buscando no lugar errado para sua realização. Entretanto, vamos alinhar e tentar compreender esse assunto melhor. Suponhamos que ela estava sob "uma maldição" do passado, que a fez sentir-se pessoalmente insatisfeita. Se ela nasceu de novo, como poderia estar sob uma maldição de suas gerações passadas, que adoravam ídolos? Esse é o ponto todo da questão, não é? Podemos estar sob uma "maldição geracional" se nascemos de novo?

Derek Prince demonstrou a essa juíza que ela estava sob uma maldição de seus antepassados de acordo com Êxodo 20:3-5. Ele não é o único professor que se refere a esses versos das Escrituras relativos a "maldição geracional"; há também muitos outros. Examinemos o que Êxodo 20:3-5 realmente diz:

> *"Então falou Deus todas estas palavras, dizendo: 'Eu sou o Senhor teu Deus, que te tirei da terra do Egito, da casa da servidão. Não terás outros deuses diante de mim. Não farás para ti imagem de escultura, nem alguma semelhança do que há em cima nos céus, nem em baixo na terra, nem nas águas debaixo da terra. Não te encurvarás a elas e nem as servirás. Porque eu, o Senhor teu Deus, sou Deus zeloso,* **que visito a iniquidade dos pais nos filhos, até a terceira e quarta gerações daqueles que me odeiam.** *E faço misericórdia a milhares dos que me amam e aos que guardam os meus mandamentos.'"*
> *(Êxodo 20:1-5) (Negrito meu)*

Adicionei os versos um e dois para que possamos ver para quem Deus estava falando e por quê.

Nesse ponto da história, quando o Senhor falou com Moisés, muitos israelitas se afastaram de Deus e adoravam ídolos. Deus se irou contra eles e lhes declarou uma maldição. Ele lhes disse que suas crianças seriam punidas por suas idolatrias até a terceira e quarta gerações. Quero enfatizar esse ponto aqui, novamente, como o fiz em outro lugar, que quando o Senhor disse," visitando a iniquidade dos pais sobre os filhos", ele não estava dizendo que iria transferir a iniquidade dos pais aos filhos. Ainda, alguns estudiosos Cristãos interpretam essa parte da escritura dessa maneira. Está errado! Deus não irá colocar o pecado em ninguém e não tentará ninguém. A iniquidade é simplesmente a prática contínua do pecado habitual, constante.

Portanto, Deus está falando sobre a punição dos filhos pelos pecados de seus antepassados, até a terceira e quarta gerações. "Ninguém, sendo tentado, diga: De Deus sou tentado; porque Deus não pode ser tentado pelo mal, e a ninguém tenta" (Tiago 1: 13). Ele não está dizendo que ele passará o pecado ou as práticas pecaminosas dos antepassados sobre as crianças. A questão imediata que deve seguir é a próxima: Foi passada a maldição pronunciada do Velho Testamento para o Novo Testamento? Se foi assim, então temos um problema maior. Quando tivermos a resposta correta para essa questão, estaremos no caminho e na direção certa.

Isso faz levantar várias questões. Essa maldição foi pronunciada por Deus sobre os israelitas? (Êxodo 20:3-5). Deus diz o que sobre a maldição? Ele fez algo a respeito dela? Ou permitiu que ela continuasse sobre Israel? Por quanto tempo esse pronunciamento continuou – para sempre? Ou chegou a um fim? Os Cristãos foram incluídos nessa maldição? São incluídos os crentes nascidos de novo? Deus já lidou com ela? Para começar, a maldição foi pronunciada sobre Israel, mas não sobre todos os Israelitas. Ela foi somente sobre aqueles que trocaram a adoração a Deus pela "adoração aos ídolos". Se foi uma maldição pronunciada sobre Israel, precisamos, primeiro olhar do ponto de vista de Deus e Israel. Verifique:

> *"E veio a mim a palavra do SENHOR, dizendo: 'Que pensais, vós, os que usais esta parábola sobre a terra de Israel, dizendo: Os pais comeram uvas verdes, e os dentes dos filhos se embotaram? 'Vivo eu, diz o Senhor DEUS, que nunca mais direis esta parábola em Israel.'" (Ezequiel 8:1-3)*

O que Deus está revelando? Está se referindo a que?

Bem, isso era um provérbio comum usado naquela época em Israel. Era usado frequentemente para descrever punição, especialmente, a punição relacionada com o que exatamente foi pronunciado em Êxodo. Esse provérbio simplesmente significava que se os pais pecassem, os filhos teriam que pagar o preço. Deus chegou ao seu limite! Assim, subitamente, Ele ordenou a Ezequiel que reclamasse dos Israelitas, para ninguém usar essa palavra novamente. "Vocês não mais usarão este provérbio". Não mais, significa não mais. Desde que aquele é o caso, Deus deve ter dito que Ele faria algo sobre a origem dests provérbio. "Eis que todas as almas são minhas; como o é a alma do pai, assim também a alma do filho é minha: a alma que pecar, essa morrerá" (Ezequiel 18:4). Evidentemente, isso significa que aquele que pecar pagará por seus pecados. Os filhos do pai não mais seriam punidos por seus pecados.

Ezequiel 18:19 não só fala disso, mas também de profecias do passado que chegariam no novo tempo da morte do nosso Senhor Jesus Cristo.

> *"Mas dizeis: 'Por que não levará o filho a iniquidade do pai?' Porque o filho procedeu com retidão e justiça, e guardou todos os meus estatutos, e os praticou, por isso certamente viverá. A alma que pecar, essa morrerá o filho não levará a iniquidade do pai, nem o pai levará a iniquidade do filho A justiça do justo ficará sobre ele e a impiedade do ímpio cairá sobre ele."*
> *(Ezequiel 18:19)*

Não pode ser mais claro para os Cristãos. Deus lidou com a maldição que Ele pronunciou sobre Israel. Aqui em Ezequiel, Ele a apagou totalmente. Veja você próprio. Olhe para o verso acima novamente. "Por que não levará o filho a iniquidade do pai? ...O filho não levará a iniquidade do pai, nem o pai levará a iniquidade do filho". Não é evidente? Deus resolveu esse problema das "maldições geracionais" bem no Velho Testamento. Não foram para o Novo Testamento. Foi falado, cumprido e removido do Velho Testamento. No evangelho de João, mais tarde, lemos e compreendemos: "Um novo mandamento vos dou: Que vos ameis uns aos outros; como eu vos amei a vós, que também vós uns aos outros vos ameis. Nisto todos conhecerão que sois meus discípulos, se vos amardes aos outros" (João 13:34-35). Seu novo pacto em Cristo tem uma lei. Lembre-se: o Velho Testamento é o velho pacto sob Moisés. O Novo Testamento foi instituído, cumprido, elaborado e governado por Jesus Cristo, nosso Senhor e Salvador.

Eu não acredito que o povo Judeu, alguma vez, tenha falado sobre ter uma maldição geracional sobre suas vidas hoje. Por que nós Cristãos agimos assim? Uma nova vida em Cristo não tem nada a ver com o velho pacto e suas leis. Como um crente nascido de novo, quando recebeu Jesus como seu Senhor e Salvador, você recebeu uma nova vida. Essa nova vida não tem conexão com a velha. Você não herdou maldições geracionais ou qualquer outra espécie de maldições quando você iniciou sua nova vida em Jesus Cristo.

Então você pergunta: pode um Cristão estar sob uma maldição? Sim! "Mas você diz assim..." Tudo isso é sobre maldições geracionais ou maldições passadas de pai para filho para filho". Entretanto, nesta nova vida como um Cristão, pode um crente ficar sob uma maldição por si próprio? Uma maldição pode encontrá-lo pelas próprias palavras faladas durante sua vida. Você sabe quão poderosas são suas palavras? Você sabia que muitos crentes nascidos de novo estão sob uma maldição, neste momento, por causa de algo que eles mesmos disseram durante sua própria vida? A maioria delas, eles mesmos invocaram para si. Há poder em suas palavras e, muitas vezes, as pessoas invocam para suas próprias vidas, a influência de morte e destruição de Satanás. Maldições vêm dos acontecimentos nas próprias vidas das pessoas. É também um resultado de suas próprias palavras. "A morte e a vida estão no poder da língua; e aquele que a ama comerá do seu fruto" (Provérbios 18:21). E novamente,

"A língua também é um fogo; como mundo de iniquidade. A língua está posta entre os nossos membros, e contamina todo o corpo, e inflama o curso da natureza, e é inflamada pelo inferno... Com ela bendizemos a Deus e Pai, e com ela amaldiçoamos os homens, feitos à semelhança de Deus. De uma mesma boca procede bênção e maldição." (Tiago 3:6, 9-10)

Um amigo meu recentemente me contou uma história surpreendente. Vou deixá-la como ela me contou:

No mês passado, tive uma experiência que me ajudou a reconhecer ainda mais claramente, o poder de nossas palavras. Fui ao dentista para um procedimento simples, uma obturação, mas, após 3 dias, meu dente ainda estava muito dolorido e eu sofria. Então fui a uma reunião de oração, onde ouvi o testemunho de uma mulher e como ela recebeu a cura de Deus, por várias vezes em sua vida. Eu fiquei tão impressionada com seu testemunho, que pedi a ela para orar por mim. Eu realmente não queria qualquer complicação para meu dente e definitivamente não queria um canal radicular.

Abracei a ideia de que eu receberia a cura. Portanto, durante as 3 semanas seguintes, eu fielmente orei, acreditei e renunciei a cada pensamento contrário. Embora eu ainda sentisse a dor, fui melhorando e melhorando... certamente não fiquei pior. Isso me deu segurança de que eu estava no caminho certo e que uma completa restauração era iminente.

Após duas semanas, recebi uma ligação da mesma senhora que me perguntou como eu estava. Ela ainda ofereceu para pagar uma visita a um dentista, se eu ainda precisasse. Eu lhe disse que eu sentia ainda dores, mas me sentia bem melhor a cada dia. Eu tinha certeza de que não seria necessário o tratamento de canal. Ela disse que seu marido era dentista, assim, ela sabia que se a dor persistisse, eu, provavelmente, teria uma infecção no dente e na gengiva. Ela me aconselhou a ir ao dentista para obter um antibiótico. Isso me parecia razoável e então concordei em visitar meu dentista.

Naquela noite, pela primeira vez depois da obturação, eu não podia dormir por causa da dor. O dia seguinte foi muito corrido e então, não foi possível a visita ao dentista. Em vez disso, telefonei para ele para pedir uma receita de antibiótico. Certamente, ele não concordou em me dar, sem me examinar, e então, tentei convencer-lhe de que eu necessitava muito dela por causa de uma infecção. Eu disse a ele que eu tive dores durante a noite e então me preocupava com a possibilidade de piorar. Ele ainda recusou e então, terminei por ir vê-lo no dia seguinte. Novamente lhe disse como tive dor e infecção, as quais pioraram. Fez Raio-X de meu dente e disse que eu não tinha infecção e então não precisava de antibióticos. Disse que um forte antiséptico bucal seria suficiente.

Para minha surpresa, no dia seguinte, acordei com dor em outro dente, onde tinha tido um tratamento de canal e coroa artificial por mais de 10 anos atrás. Nunca tive problemas com isso antes. Pelos dois dias seguintes, a dor aumentou e o dente ficou sensível ao frio, calor e ao toque. Finalmente, aquele lado da minha boca estava inchado pela inflamação. Imaginei que eu deveria voltar ao dentista para explicar-lhe novamente, que, no momento, eu tinha uma infecção – agora em um dente diferente.

De repente, me bateu! Finalmente, eu tive a infecção que fiquei declarando por dois dias. Acreditei nela. A proclamei. Agi de acordo com ela e consegui!!! Não está bem! Portanto, pelas 2 primeiras semanas, eu agarrei minha visão de cura, mesmo quando não a havia recebido imediatamente. Houve uma melhora no dia seguinte. Entretanto, depois disso, eu ouvi a palavra "infecção", que entrou no meu espírito. Em vez disso, eu a aceitei para mim.

Reguei-a com minha meditação e proclamação – o resultado disso foi que a infecção real chegou. Duas escolhas me confrontaram: ir ao dentista novamente ou reverter o processo espiritual, que me levou à situação de infecção física.

Isaías 54:17 diz: "Toda a ferramenta preparada contra ti não prosperará, e toda a língua que se levantar contra ti em juízo tu a condenarás. esta é a herança dos servos do Senhor, e a sua justiça que de mim procede, diz o Senho.". Assim "uma língua" (palavras faladas) se levantaram contra mim, contra a cura, na qual eu acreditava e agora eu tinha que condenar. A definição de "condenar" é: "expressar total reprovação de, geralmente em público; censurar; indicar forte reprovação de; julgar ou pronunciar incapaz para o uso ou serviço".

Quando ouvi a palavra "infecção", eu não "expressei ou indiquei completa e forte reprovação" disso, nem "expressei" um julgamento desfavorável e adverso. De fato, concordei com as palavras! Não as pronunciei" impróprias para uso". Na verdade, as pronunciei úteis e inteligentes! Assim, para reverter o processo em meu espírito, eu tinha que voltar à época quando eu ouvi e aceitei "infecção" pela primeira vez. Então eu tinha que fazer o que falhei a fazer. Eu o condenei e expressei completa e forte reprovação dele. Pronunciei as palavras impróprias para meu uso. Dessa forma, quebrei qualquer poder que aquelas palavras tinham em mim. Em quatro horas, todo sinal de infecção sumiu!

Portanto, devo reiterar o que você diz – tanto traz bênçãos ou maldições em sua vida. Você escolhe a cada dia, o que recebe no fim do dia e no seu futuro. Você está constantemente chamando. Então o que está chamando? Derek Prince, novamente, escreveu: "Frequentemente tais pessoas dizem algo como" "As mesmas coisas sempre aconteceram ao meu pai: Sinto-me como se eu estivesse revivendo suas frustrações...". Essas pessoas estavam sob uma maldição, porque elas as chamaram para entrarem em suas próprias vidas. Como? Cada vez que elas dizem "A mesma coisa sempre aconteceu com meu pai. Estou revivendo suas frustações". Essa pessoa pronunciou uma maldição em sua vida, quando ele declarou que estava "revivendo as frustrações de seu pai".

Você, frequentemente ouvirá pessoas dizerem:" Nesta época do ano, sempre pego gripe". A coisa seguinte que acontece é que elas estão doentes com uma gripe. Elas especificaram a época e também o que é, continuamente, sempre deles. Eles adquiriram o que eles disseram a respeito.

Algumas vezes, novamente, você ouvirá alguém dizer: "Minha mãe teve artrite e eu sei que também vou ter". Ou alguém pode dizer, "Meu pai morreu com diabetes e sei que também irei" Outros podem dizer: "Ah, tenho que ser cuidadoso porque minha mãe tinha ossos frágeis". Duas coisas acontecem: aquela pessoa está constantemente vivendo com medo de ter ossos frágeis, e enquanto continua aquela pessoa não tem fé para confiar em Deus por segurança e proteção daquela doença.

Vida e morte se assentam em sua língua e quando decidir vomitar algo, uma delas irá pular para fora. Você pode escolher qual delas? Há um ditado que você deveria inteiramente compreender: "Você pode tanto viver morrendo como morrer vivendo". É uma escolha individual de como você vive – abençoado ou amaldiçoado. Se você ainda não está convencido, aqui está o que Jesus disse aos seus discípulos.

> *"E Jesus, respondendo, disse-lhes: 'Tende fé em Deus'; Porque em verdade vos digo que qualquer que disser a este monte: 'Ergue-te e lança-te no mar', e não duvidar em seu coração, mas crer que se fará aquilo que diz, tudo o que disser lhe será feito.'" (Marcos 11:22-23)*

O que Jesus disse aos seus discípulos que aconteceria quando dissessem e cressem? "Ele terá tudo que pedir".

Se você pronuncia tais maldições e juízos sobre a sua vida, está trazendo maldições a você e a sua vida. Ouça, não sou eu quem diz. Jesus que o disse. A Bíblia diz: A língua se gaba ou fala de muitas coisas. Ela pode colocar fogo numa nação toda. Você sabe como é isto. Imagine a internet e um meio de comunicação similar, nos nossos dias. Se alguém fosse tuitar algo, imediatamente, numa questão de minutos, milhões tomariam conhecimento. Fale sobre colocar fogo na floresta! Tiago diz que a língua incendeia com o fogo do inferno, mas isso não deve ser dessa maneira. Se você renovar sua mente, preenchendo seu coração e mente com a Palavra de Deus, sua língua irá falar coisas certas e você terá resultados corretos. Provérbios 13:2 diz: "Do fruto da boca cada um comerá o bem...".

Eu lhe encorajo: portanto, tenha fé em Deus. Pare de acreditar que você tem uma maldição geracional. Renuncie o conhecimento das palavras negativas do mal que você tem falado pela vida toda. Peça ao Senhor perdão por elas e que Ele possa apagá-las de sua vida. Então, comece a falar da Palavra de Deus em sua vida, como ela é "mais afiada que uma espada de dois gumes." (Hebreus 4:12). Ela mudará sua vida e promoverá as bênçãos de Deus para se manifestar nela. Ainda mais, o Salmo 3:8 diz: "A salvação vem do Senhor. sobre o teu povo seja a tua bênção".

Querido Deus, meu Pai, declaro que não sou amaldiçoado e não tenho maldições geracionais sobre minha vida. Você me resgatou de qualquer maldição. Suas bênçãos estão sobre minha vida. Sou grandemente abençoado e altamente favorecido. Minha herança vem de ti. Herdei de ti, vida em abundância, graça com toda suficiência, amor e alegria, a paz que excede todo entendimento, poder no nome de Jesus Cristo, coberto pelo sangue de Jesus Cristo, e todas as bênçãos espirituais em lugares celestiais. Nunca perderei! Sempre VENÇO. Declaro isto no nome de Jesus. Amém.

7
QUEM É SEU INIMIGO?

"...contra os principados, contra as potestades, contra os príncipes das trevas deste século, contra as hostes espirituais da maldade, nos lugares celestiais." Efésios 6:12

Enquanto você crê que está sob uma maldição, você nunca irá se ocupar com o "homem forte" real – Satanás que rouba sua felicidade bem como a está destruindo, impedindo e colocando morte em sua vida. Seu inimigo não são maldições geracionais. Essas maldições não são o que está atormentando a sua vida e trazendo destruição sobre você. Seu inimigo é sutil, está feliz em deixá-lo continuar a acreditar que está sob uma maldição geracional. Se você não reconhece o demônio exato que está operando em sua vida, você não será capaz de amarrá-lo e destruir seu trabalho. Portanto, ele estará feliz de se esconder atrás de qualquer mentira e continuar a criar e lhe causar destruição.

Se dermos uma olhada no Novo Testamento, encontraremos Jesus que sempre era específico ao lidar com o que e quem ele encontrasse. Encontrará que Ele sempre confrontava demônios específicos operando na vida dos cativos. Ele continuava a expulsar o demônio, para liberar a pessoa cativa. Você deve fazer o mesmo em sua vida. Você tem que encontrar o espírito do demônio específico que está operando em sua vida – expulsá-lo, quebrar seus poderes e lançá-lo no abismo para libertar-se dele.

A Raiva Destrói

Quem é o inimigo? Pode definir seu inimigo mais claramente? Quem é que está, possivelmente, operando em sua vida agora mesmo e lhe trazendo prejuízo? Essas são palavras que ainda precisam ser respondidas. A batalha de sua vida não é contra as pessoas. É contra as forças invisíveis chamadas de espíritos do mal. Lemos em Efésios: "Porque não temos que lutar contra a carne e o sangue, mas, sim, contra os principados, contra as potestades, contra os príncipes das trevas deste século, contra as hostes espirituais da maldade, nos lugares celestiais" (Efésios 6:12). Você não está lutando com pessoas – carne e sangue. As pessoas não trazem condenação, destruição e morte em sua vida, Satanás traz. Quando você está com raiva de outras pessoas, mais possivelmente, as ataca com suas palavras, suas atitudes e ainda com suas preces. Entretanto, elas não são inimigas! Seu inimigo é o demônio.

Por várias vezes, ao invés de confrontar Satanás e suas hostes de espíritos do mal, as pessoas põem seu esforço, seu tempo e força em estarem infelizes e zangadas com outras pessoas. Alguns ficam com tanta raiva dos outros que ficam com a falta de perdão e uma amargura consumidora em seus corações por anos. Você tem direito de estar com raiva se foi ferido por alguém; entretanto, não pode permanecer com raiva. Quando fica com raiva de outros que o feriram, você não deve permanecer zangado com eles, pelo resto da sua vida! Ouça, se está com raiva de alguém por alguma razão, pare, agora! Você está apenas ferindo a si próprio. Se você não os perdoou por terem lhe ferido – não importa de que se tratava – você está ferindo a si próprio. Você não pode alcançar vitória na vida, enquanto está sendo consumido por raiva. Você deve apenas perdoá-los e deixá-los nas mãos de Deus. Então, siga em frente. Caso contrário, estará amarrado ao passado e permanecerá lá pelo resto da vida. Frequentemente, as pessoas focam em coisas erradas e direção errada, quando lidam com os assuntos diários da vida e não admitem que são os espíritos do mal, trabalhando através de pessoas que as atacaram e não as próprias pessoas.

Enquanto isso, outras pessoas contra quem você ficou com raiva, estão seguindo com suas vidas, enquanto você continua a doer. Desse modo, você deixou uma porta aberta pela falta de perdão em sua vida, para o demônio, e ele irá continuar a entrar e trazer destruição lá. Você não tem outra escolha, a não ser perdoar a todos que o feriram, orar por eles e deixá-los nas mãos do Senhor. Você ficará maravilhado ao ver o que o Senhor pode completar nas vidas daquelas pessoas. Você se ajuda, quando perdoa. Escrevi uma extensão sobre perdão em meu livro, "O que não lhe foi contado sobre Justiça?". Encorajo você a lê-lo, pois ele irá lhe abençoar, tremendamente.

O diabo pode usar pessoas para prejudicá-lo, mas elas não são absolutamente suas inimigas. Perceba, hoje, que aquelas pessoas que Satanás tem usado para lhe ferir, são vítimas de um astuto demônio. Suas vidas têm sido infiltradas, invadidas por Satanás, e estão sob seu controle em algum grau, pelo menos na situação em que foram usados para feri-lo. Ele não pode usá-las, a não ser que sejam suas presas. Portanto, elas se tornaram suas vítimas. Elas precisam de nossas orações para serem libertadas do inimigo. Assim, você precisa mais orar por eles do que ficar com raiva. Não é?

Veja agora, como pode deixar a porta aberta para Satanás entrar e causar destruição em sua vida? Quando você não perdoa alguém que lhe feriu, seus pecados não são perdoados por Deus. Isso acarreta em uma separação de Deus, no que Satanás leva vantagem. Você deixa uma porta aberta para ele operar em sua vida. Uma porta é tudo que ele precisa. Pare de ficar com raiva daqueles que lhe feriram, perdoe-os e você, imediatamente, irá fechar esta porta. Quando você não sabe orar, a Oração do Senhor o fará:

> *Pai nosso, que estás nos céus, santificado seja o teu nome. Venha o teu reino. Seja feita a tua vontade assim na terra como no céu. O pão nosso de cada dia nos dá hoje. E perdoa-nos as nossas dívidas, assim como nós perdoamos aos nossos devedores. E não nos conduzas à tentação; mas livra-nos do mal. Porque teu é o reino, e o poder, e a glória, para sempre. Amém.*
> (Mateus 6:9-13)

Novamente, podemos ler: "Porque, se perdoardes aos homens as suas ofensas, também vosso Pai celestial vos perdoará a vós. Se, porém, não perdoardes aos homens as suas ofensas, também vosso Pai vos não perdoará as vossas ofensas" (Mateus 6:8-15). Imagine como será, se seus pecados estão se acumulando porque eles não são perdoados por Deus? Agora, essa é somente uma porta. Há muitas outras que você precisa encontrar e fechar.

Podemos ler no Evangelho de Marcos que mesmo Jesus ficou com raiva dopovo Judeu, que fizeram do templo um mercado, vendendo pássaros e outras coisas para os sacrifícios e oferendas.

> *"E vieram a Jerusalém, E Jesus, entrando no templo, começou a expulsar os que vendiam e compravam no templo; e derrubou as mesas dos cambiadores e as cadeiras dos que vendiam pombas. E não consentia que alguém levasse algum vaso pelo templo. E os ensinava, dizendo: 'Não está escrito: 'A minha casa será chamada, por todas as nações, casa de oração?' Mas vós a tendes feito 'covil de ladrões.'""*
> (Marcos 11:15-17)

Ainda, o que Jesus orou no final da Sua vida, "Pai, perdoa-lhes, porque não sabem o que fazem" (Lucas 23:34). Isso é o que devemos fazer também.

O Inimigo

Quando você observa o exército de algum país, você saberá que ele é estabelecido em várias categorias, da mais alta à mais baixa. Os generais dão as ordens e os soldados de categoria inferior cumprem os comandos. Da mesma forma, é o exército de Satanás que se estabeleceu na terra. Eles se estabelecem em várias categorias, tal como vemos em Efésios 6:12 "principados, contra as potestades, contra os príncipes das trevas deste século, contra as hostes espirituais da maldade, nos lugares celestiais". Principados são a mais elevada categoria de espíritos do mal. Eles governam o restante. Como podemos provar isto?

Daniel está orando por vinte e um dias. De repente em um dia, o anjo de Deus apareceu e lhe disse que suas orações foram respondidas no primeiro dia em que ele começou a orar. Entretanto, enquanto esse anjo viajava em direção a Daniel para lhe trazer a resposta, ele foi bloqueado e impedido de chegar até Daniel. Ele não podia chegar ao homem de Deus, então ele tinha que recorrer à ajuda do Senhor. Quando o fez, o Senhor enviou o arcanjo Miguel para ajudá-lo.

"Naqueles dias eu, Daniel, estive triste por três semanas. Alimento desejável não comi, nem carne nem vinho entraram na minha boca, nem me ungi com unguento, até que se cumpriram as três semanas. E no dia vinte e quatro do primeiro mês... E levantei os meus olhos, e olhei, e eis um homem vestido de linho, e os seus lombos cingidos com ouro fino de Ufaz! E o seu corpo era como berilo, e o seu rosto parecia um relâmpago, e os seus olhos como tochas de fogo, e os seus braços e os seus pés brilhavam como bronze polido; e a voz das suas palavras era como a voz de uma multidão. E eis que certa mão me tocou, e fez com que me movesse sobre os meus joelhos e sobre as palmas das minhas mãos. E me disse: 'Daniel, homem muito

amado, entende as palavras que vou te dizer, e levanta-te sobre os teus pés, porque a ti sou enviado.' E, falando ele comigo esta palavra, levantei-me tremendo. Então me disse: 'Não temas, Daniel, porque desde o primeiro dia em que aplicaste o teu coração a compreender e a humilhar-te perante o teu Deus, são ouvidas as tuas palavras; e eu vim por causa das tuas palavras. Mas o Príncipe do Reino da Pérsia me resistiu vinte e um dias; e eis que Miguel, um dos primeiros príncipes, veio para ajudar-me, e eu fiquei ali com os reis da Pérsia. Agora vim, para fazer-te entender o que há de acontecer ao teu povo nos derradeiros dias; porque a visão é ainda para muitos dias.'" (Daniel 10:2-6; 10-14)

Quem era o "Príncipe do Reino da Pérsia" que o resistiu? Não era um ser humano. Ele definitivamente não era o Rei da Pérsia nem um dos príncipes da Pérsia. O Anjo de Deus não é um ser humano e não pode ser impedido por humanos. Portanto, precisamos compreender que ele era um ser espiritual e como tal, um inimigo de Deus e Seus anjos. Esse 'Príncipe da Pérsia' só poderia ser um espírito do mal da mais elevada categoria e que controlava a Pérsia. Ele tinha um título de "Príncipe" do Reino da Pérsia. Portanto, ele tinha o domínio sobre um território ou principado, que era a Pérsia.

Assim, desde que ele era um espírito mal do inferno, o príncipe num território oposto ao anjo de Deus, onde e como estava ele opondo? Era na terra ou no céu? Onde esta batalha aconteceu? "E vos vivificou, estando vós mortos em ofensas e pecados. Em que noutro tempo andastes segundo o curso deste mundo, segundo o príncipe das potestades do ar, do espírito que agora opera nos filhos da desobediência" (Efésios 2:1, 2). Onde está este "príncipe", o "espírito" que trabalha com os filhos da desobediência? Ele está no ar ou nas áreas celestes. Ele não está, diretamente, aqui na terra. Ele está em cima de nós, nos céus.

Agora, sabemos com quem nós, realmente, lutamos e onde eles estão, de acordo com Efésios 2: 1-2; 6:12. Portanto, nossa batalha é contra as forças de Satanás que se estabeleceram no ar ou nos lugares celestiais e disputa contra nossas vidas. Não é contra as pessoas.

QUEM ESTÁ ME IMPEDINDO?

Então, o que é que está entravando sua vida? O que está mantendo você abaixo de seu potencial pleno? Por que você luta com o que parece ser igual ou semelhante aos pecados de seus antepassados? Por que sua vida não está indo da maneira que planejou ou esperava ser? Qual é o impedimento? Satanás chega até você para roubar-lhe, matá-lo e totalmente destruir tudo que você tem trabalhado ou realizado. "O ladrão não vem senão a roubar, a matar, e a destruir..." (João 10:10). Quem é esse ladrão? Não é nenhum outro que o próprio demônio, do qual Jesus está falando. É o próprio Satanás e suas hostes de espíritos do mal. Eles são os que estão impedindo, fazendo-o tropeçar e interrompendo seu progresso. Ele quer lhe derrotar, mesmo antes de iniciar a fazer avanços em qualquer área de sua vida. Ele não quer que você tenha sucesso. Por quê? Quando você tem êxito, a que você dá a glória? Quem é glorificado toda vez que algo bom acontece em sua vida? Quem você louva quando coisas maravilhosas acontecem com você? Tem Jesus a glória quando as coisas vão bem? Pode perceber porque o demônio não quer que você prospere, e que esteja tudo bem com você?

TENTAÇÕES E LUTAS

E sobre as tentações e lutas de alguém com pecados habituais, especialmente, aqueles que pessoas viram sendo praticados por seus próprios pais, avós e outros membros da família? Satanás não mudou. Ele é ainda o pai da mentira e o enganador dos irmãos. Suas táticas não mudaram. Seu objetivo e seus desejos são os mesmos e ele continua a operar da mesma forma. Ele ainda tenta as pessoas. Suas armas não mudaram. Seus princípios, seus ataques, seus truques e mentiras, a maneira com que traz as pessoas para a escravidão, não mudaram. Além do mais, ele não espera você se tornar nascido de novo, para tentá-lo. Ele começa no dia de seu nascimento. Leia o Evangelho de João, "Responderam eles, e disseram-lhe: 'Tu és nascido todo em pecados, e nos ensinas a nós?' E expulsaram-no" (João 9:34).

Entretanto, a palavra também diz:

> *"Bem-aventurado o homem que sofre a tentação; porque, quando for provado, receberá a coroa da vida, a qual o Senhor tem prometido aos que o amam. Ninguém, sendo tentado, diga: De Deus sou tentado; porque Deus não pode ser tentado pelo mal, e a ninguém tenta. Mas cada um é tentado, quando atraído e engodado pela sua própria concupiscência. Depois, havendo a concupiscência concebido, dá à luz o pecado; e o pecado, sendo consumado, gera a morte."*
> *(Tiago 1:12-15)*

As tentações do diabo estavam sempre lá em sua vida, desde quando você era uma criancinha. Se por alguma razão, se tornou emaranhado por um pecado particular, antes de se tornar nascido de novo, você pode dominar aquele pecado. Você pode derrotá-lo através de Jesus Cristo. Você pode vencê-lo, deixá-lo pra trás e seguir com uma vida limpa, diante de Deus e dos homens. Não é uma 'maldição geracional'. É o pecado! Mesmo que pareça semelhante ao pecado que seus antepassados praticaram.

Sim, mesmo que você possa estar sendo influenciado pelos mesmos demônios, pelas maldições de seus antepassados e que podem ter sido afetadas pelo mesmo ambiente que viveram, isso não significa que você não possa ser liberto, totalmente, do pecado e da iniquidade. Não significa que você tenha que se render a eles e viver com eles pelo resto de sua vida. Você é um vencedor!

Algo que se tornou habitual e ainda está com você, é ainda o que é: um pecado habitual que você precisa vencer e do qual se libertar. Se está lutando com um certo pecado habitual – pecado é pecado – então precisa ser vencido e conquistado. Por favor, compreenda que, enquanto você está nesse corpo, enquanto está vivendo nessa terra, Satanás vai tirar vantagem de qualquer oportunidade que lhe for dada, para tentá-lo. Entretanto, precisa também saber que, como você nasceu de novo, você adquiriu o poder e a autoridade para vencer Satanás em sua vida. Você tem o poder para vencer qualquer pecado, qualquer hábito e quebrar qualquer cadeia que o demônio colocou em você. A Palavra diz: "Eis que vos dou poder para pisar serpentes e escorpiões, e toda a força do inimigo, e nada vos fará dano algum" (Lucas 10:19). Também: "Porque o pecado não terá domínio sobre vós, pois não estais debaixo da lei, mas debaixo da graça" (Romanos 6:14). Aleluia! Se você quer aprender mais sobre como vencer Satanás e suas tentações, para desenvolver um maior, mais íntimo relacionamento com o Senhor, leia o meu livro "O Poder é Seu".

Deixe-me acrescentar algo, agora mesmo, relacionado à punição pelo pecado, que é muito importante para você manter em mente. O pronunciamento de Deus sobre os filhos de Israel que foram atrás de e cultuaram ídolos não está sobre você; Deus não está punindo você pelos pecados de seus antepassados. Contudo, qualquer pecado que seus antepassados praticaram, com os quais você deve estar lutando no presente, não é a punição de Deus sobre você. Você pode vencer aquele inimigo. Devo reiterar – seu inimigo não é uma "maldição geracional". Seu único inimigo é cada espírito do mal, enviado do inferno contra você. Se você acredita que você deu permissão ao demônio para ter uma fortaleza em sua vida, porque aceitou alguns ensinos errados, ore ao Senhor:

"Deus Pai, em nome de Jesus Cristo meu Senhor e Salvador, me arrependo por aceitar qualquer ensino errado e crenças, que eu, como um filho de Deus nascido de novo, tenho a "maldição geracional". Renuncio o pensamento, a crença errada e cada

palavra que expressei, declarando que eu tinha a "maldição geracional". Deus Pai, por favor, perdoe-me. Peço que remova toda operação de Satanás e os resultados dessas crenças em minha vida. Estou livre no nome de Jesus!

Pai, de agora em diante, sigo em frente, no nome acima de todo nome, Jesus Cristo. Tenho poder e autoridade para vencer o inimigo e conseguirei, até o final. Fui redimido pelo sangue de Jesus Cristo que me purifica de todos os pecados e injustiças, e de todas as enfermidades e doenças. O sangue de Jesus Cristo tem poder sobre mim e minha vida.

Deus Pai, Tu és meu Pai, e toda a minha herança vem de ti e de ninguém mais. Herdei vida eterna, vida abundante, alegria eterna e felicidade e a paz de Deus que excede a compreensão humana. A vida é minha. Vou servir-te com prazer e alegria, paz e felicidade. Glorificar-te-ei com todo o meu ser. Todo louvor e honra é devida ao Teu nome, oh, Senhor, meu Deus. Oro no nome de Jesus Cristo, meu Senhor. Amém.

8
PORQUE MALDIÇÕES?

"...e serei aos seus olhos como enganador; assim trarei eu sobre mim maldição, e não bênção." (Gênesis 27:12)

O que é uma maldição? Simplesmente colocado, maldições são qualquer mal que caiam sobre as pessoas. Qual é a causa de uma maldição e o que ela traz às pessoas? Maldições são resultado do pecado. Se você retornasse ao início da criação, você notaria que a maldição foi o resultado da queda do homem. Quando o homem desobedeceu a Deus, as maldições caíram sobre ele. Não é o desejo de Deus que as maldições caiam sobre alguém. Ele nunca planejou trazer o mal para as pessoas. Deus não é o autor do mal. Entretanto, Ele permite o mal ocorrer. Por quê?

Já ouviu o ditado, "Você colherá o que semear?" (Gálatas 6:7, 8). Bem, é exatamente isso. O que você planta, você colhe. Você não pode plantar laranjas e colher maçãs. Isso não acontecerá. Então, por que alguém espera plantar o pecado e receber retidão? Porque alguém antecipa as bênçãos de Deus, quando ela vive como o demônio? Enquanto alguém pratica o pecado e vive sob o domínio do diabo, por que acham que Deus os estará protegendo? Por que uma pessoa deseja riquezas sendo que estariam roubando de Deus? Também, por que diante do prato de ofertas que chega perto, as pessoas mantêm afastado o dízimo que pertence a Deus? (Malaquias 3:8-11; Mateus 23:23; Lucas 11:42). A lei de Deus diz: "O que o homem plantar, ele irá colher". Agora, estou prestes a mostrar para você como se libertar de uma situação particular em que pode estar hoje. É um pouco longo e detalhado, então, tenha paciência enquanto lê. Embora eu acredite que você será liberto e abençoado pelo que você está prestes a aprender ou, pelo menos, ser lembrado.

Semeando e Colhendo

Cada um de nós, se pensarmos sobre isso, acredita neste ditado: "O que o homem planta, ele irá colher" como verdade. As pessoas não duvidam ou acham que ele não seja verdadeiro. Afinal, foi Deus quem falou. Deus também nos pediu para dar (ou plantar) o dízimo, não é? Por que algumas pessoas acreditam que os Cristãos não deveriam dizimar atualmente? "Ah, Pastor David, isso está no Velho Testamento! É para os Levitas. Isso é a Lei. É somente para Israel. Está claro na Bíblia que os Cristãos não devem dizimar". Bem, e se Deus dissesse a você: "Se é o que você acredita, então, as bênçãos do Velho Testamento não são para você também. Elas todas pertencem a Israel e não aos Cristãos...". Como você reagiria? Pense nisso. Se dizimar é somente para as pessoas do Velho Testamento, as bênçãos de Malaquias 3:10, 11 não são, também, para você. "E fazei prova de mim nisto, diz o Senhor dos Exércitos, se eu não vos abrir as janelas do céu, e não derramar sobre vós uma bênção... E eu repreenderei o devorador, por causa de vós...".

O que você acha?

Essas bênçãos estão ligadas ao dízimo! Deus abrirá Suas janelas dos Céus e derramará bênçãos sobre você, se dizimar. Ele também repreenderá o ladrão, que está lhe roubando o dinheiro, a saúde e sua integridade, se você dizimar. Você não pode roubar de Deus o dízimo e então esperar que Ele lhe dará bênçãos que estão ligadas a ele. Você pode? Você deveria? Se então, por quê?

Aqueles que dizimam têm o direito legal e dado por Deus, para esperar o recebimento das bênçãos de Malaquias 3:10, 11. É deles! Quando eu mesmo considero esse mandamento de Malaquias, penso comigo mesmo "Eu seria um tolo se não dizimasse. Se Deus derramará bênção sobre mim e repreenderá Satanás em meu nome, quando dizimo, por que eu agiria, imprudentemente, não dando o dízimo?" Siga-me nisso. Pense nisso. Essa bênção, legalmente, pertence a você porque você tem dado o dízimo. Você tem o direito legal dado por Deus, de pedir ao Senhor para derramar bênçãos sobre você, e impedir os truques de Satanás, quando ele vem perturbar sua vida.

ELE FOI FEITO UMA MALDIÇÃO

"Mas Pastor Ramiah, Jesus Cristo foi feito uma maldição para mim e então aquela bênção de Abraão deveria ser minha." Observe:

> *"Cristo nos resgatou da maldição da lei, fazendo-se maldição por nós; porque está escrito: Maldito todo aquele que for pendurado no madeiro; Para que a bênção de Abraão chegasse aos gentios por Jesus Cristo, e para que pela fé nós recebamos a promessa do Espírito." (Gálatas 3:13,14)*

"Veja isso, Pastor David. Jesus Cristo foi feito maldição por mim, quando foi crucificado, e a bênção de Abraão então veio até nós, Cristãos, para que recebamos a promessa pela fé". Isso é verdade. A bênção de Abraão veio sobre os Cristãos, é para os Cristãos e é recebida pela fé. Você não vê a bênção de Abraão a olhos nus, vê? Não, você a vê com olhos de fé. Você a recebe com os olhos da fé.

Vejamos alguma coisa. Quando Abraão retornou da batalha e trouxe de volta seu sobrinho, Ló, e todas as outras pessoas, quem o encontrou no caminho? Se você disse Melquizedeque, está correto.

> *"Porque este Melquisedeque, que era rei de Salém, sacerdote do Deus Altíssimo, e que saiu ao encontro de Abraão quando ele regressava da matança dos reis, e o abençoou; a quem também Abraão deu o dízimo de tudo, e primeiramente é, por interpretação, 'rei de justiça', e depois também rei de Salém, que é 'rei de paz'; sem pai, sem mãe, sem genealogia, não tendo princípio de dias nem fim de vida, mas sendo feito semelhante ao Filho de Deus, permanece sacerdote para sempre."* (Hebreus 7:1-3)

Esse homem, Melquizedeque, era uma completa representação de Jesus Cristo, nosso Senhor. Observe estes títulos: "Rei de Justiça e Rei de Salem, que significa Rei de Paz". Esse mesmo homem encontrou Abraão, após ter ele vencido uma grande batalha, e estava retornando à sua casa. Quando Abraão o viu, sem dúvida, lhe deu o dízimo, 10% de todos os bens materiais, que ele havia tomado dos Reis que havia derrotado. Quer fosse ouro, prata, vestuário, ovelhas, bodes e jumentos, Abraão deu 10% de tudo isso para Melquizedeque o qual representava Jesus Cristo. "Jurou o Senhor, e não se arrependerá: 'tu és um sacerdote eterno, segundo a ordem de Melquisedeque'" (Salmos 110:4).

Jesus Cristo é do sacerdócio de Melquizedeque. Perceba que não foi o sacerdócio de Levíticos ou Aarônico, sob o qual Moisés concedeu a Lei. É a ordem de Melqueizedeque ou o sacerdócio de Melquizedeque que permanece, continuamente, um sacerdócio.

> *"Como também diz, noutro lugar: Tu és sacerdote eternamente, segundo a ordem de Melquisedeque. O qual, nos dias da sua carne, oferecendo, com grande clamor e lágrimas, orações e súplicas ao que o podia livrar da morte, foi ouvido quanto ao que temia. Ainda que era Filho, aprendeu a obediência, por aquilo que padeceu. E, sendo ele consumado, veio a ser*

> *a causa da eterna salvação para todos os que lhe obedecem; chamado por Deus sumo sacerdote, segundo a ordem de Melquisedeque.' Do qual muito temos que dizer, de difícil interpretação; porquanto vos fizestes negligentes para ouvir."* (Hebreus 5:6-11)

"Pela ordem de" ou "conforme o sacerdócio de Melquizedeque", o dízimo começou. É bem o primeiro lugar onde o dízimo é mencionado na Bíblia. É importante que percebamos que o dízimo teve início sob o sacerdócio de Melquizedeque. Não se iniciou sob o sacerdócio de Levíticos ou Aarônicos. Mais tarde, foi adicionado à Lei para suprir as necessidades dos Sacerdotes Levitas e suas famílias. É muito importante lembrar disso.

Visto que Jesus é do sacerdócio de Melquizedeque que é perpétuo, como assumiríamos que os dízimos parem? É porque estamos sob a Nova Aliança, feita através de Jesus Cristo, o autor e consumador de nossa fé? Abraão foi a primeira pessoa registrada na Bíblia a entregar o dízimo livremente. Não lhe foi pedido isso. Nem lhe foi exigido. Ele o entregou ao homem que era a completa representação de Jesus Cristo. Melquizedeque, o complete representante de Jesus Cristo, nosso Senhor, abençoou Abraão. O representante abençoou aquele que entregou o dízimo.

> *"E Melquisedeque, rei de Salém, trouxe pão e vinho; e era este sacerdote do Deus Altíssimo. E abençoou-o, e disse: Bendito seja Abrão pelo Deus Altíssimo, o Possuidor dos céus e da terra; e bendito seja o Deus Altíssimo, que entregou os teus inimigos nas tuas mãos.' E Abrão deu-lhe o dízimo de tudo."* (Genesis 14:18-20)

Abraão ainda era chamado Abrão nesse tempo.

Melquizedeque retirou o pão e o vinho. O que fez com isso? Lógico, ele foi dado a Abraão. Como ele lhe deu, me pergunto?

Você acha que, talvez, ele tenha partido o pão com ele? Pelo verso da Escritura, somos informados de que ele deu o dízimo, depois de partir o pão. A Bíblia especifiamente salientou: "Ele era o sacerdote do Altíssimo". Não acho que Abraão estava com fome. Antes de Abraão ter ido para a guerra, ele deveria ter planejado e preparado para se alimentar e a todo seu exército. Ele teria trazido bastante alimento para todos. Além disso, ele possuía todo o alimento que pegou dos exércitos que havia destruído. Ele não precisava de alimento!

Não acredito que esse pão e vinho fossem para um exército inteiro. Era para Abrão, "o escolhido de Deus". Era para que Melquizedeque e Abrão partissem o pão juntamente. Que forma isso levou, eu não sei, mas a próxima vez que ouvimos de um outro sacerdote que partiu o Seu próprio pão foi quando o Sumo Sacerdote, Jesus Cristo, o fez com Seus discípulos. Vê a conexão?

> *"E, chegada a hora, pôs-se à mesa, e com ele os doze apóstolos, E disse-lhes: 'Desejei muito comer convosco esta páscoa, antes que padeça; porque vos digo que não a comerei mais até que ela se cumpra no reino de Deus.' E, tomando o cálice, e havendo dado graças, disse: 'Tomai-o, e reparti-o entre vós; porque vos digo que já não beberei do fruto da vide, até que venha o reino de Deus.' E, tomando o pão, e havendo dado graças, partiu-o, e deu-lhes, dizendo: Isto é o meu corpo, que por vós é dado; fazei isto em memória de mim.' Semelhantemente, tomou o cálice, depois da ceia, dizendo: 'Este cálice é o novo testamento no meu sangue, que é derramado por vós.'" (Lucas 22:14-19)*

Agora que fizemos a conexão entre Melquizedeque e Jesus e uma vez que vemos Melquizedeque, como o pleno representante de Jesus Cristo, receber o dízimo de Abrão, no nome de Jesus, não deveriam os discípulos do Sumo Sacerdote dar-lhe o dízimo? Não deveria Jesus Cristo receber dízimos dos seus seguidores?

Abrão recebeu pão e vinho de Melquizedeque como uma celebração por sua vitória. Os discípulos receberam pão e vinho (fruto da videira) do Senhor, celebrando e instituindo a Nova Aliança. Abraão entregou o dízimo – 10% de todos os bens materiais que ele ganhou em batalha; de tudo que contribuiu para seu crescimento – para Melquizedeque, o sacerdote de Deus, após eles partiram o pão juntamente. Não deveriam os seguidores de Jesus Cristo lhe entregarem o Dízimo? Nosso tempo atual para dizimar é após a primeira Comunhão que Jesus teve com Seus discípulos.

"Mas Pastor Ramiah, Jesus não solicitou o dízimo aos Seus discípulos! Ele poderia ter requerido o dízimo deles naquela noite". Você está completamente correto! Ele poderia ter feito isso, mas naquela noite tratava-se do dízimo ou da instituição da Nova Aliança? Não era aquela noite acerca do que Jesus estava planejando fazer por você e por mim numa cruz? Dízimos já haviam sido instituídos entre o representante de Jesus, Melquizedeque e Abrão, seu representante e meu. Jesus não necessitava fazer isso novamente. Os discípulos, debaixo da Lei Mosaica, já entregavam seus dízimos no templo. Ele não precisava ensiná-los sobre isso novamente. Então, não havia razão para Jesus dizer-lhes sobre isso ou lembrá-los de entregá-lo. Ele não tinha que coletá-lo e registrá-lo para o nosso benefício, também. Isso já estava lá; instituído e praticado.

Os discípulos estavam lá, quando Jesus pronunciou essas palavras?

> *"Ai de vós, escribas e fariseus, hipócritas! Pois que dizimais a hortelã, o coentro e o cominho, e desprezais o mais importante da lei, o juízo, a misericórdia e a fé. Deveis, porém, fazer estas coisas, e não omitir aquelas." (Mateus 23:23)*

Os Fariseus o ouviram falar: "Deveis, porém, fazer estas coisas, e não omitir aquelas."? Além disso, o ensino de Jesus era para os escribas e Fariseus, assim como para os discípulos? Desde que a resposta é, a cada vez, "Sim", se Jesus não desejasse que Seus discípulos dizimassem, Ele os teria dito. Não é? Bem, você deve estar dizendo: "É o único lugar onde é mencionado sobre dízimos nos Evangelhos". Assim, estou certo que é suficiente dizer que os Cristãos devam dizimar.

Vejamos, então. Paulo mencionou algo sobre dizimar. Poderia ter outro lugar onde podemos ver e dizer que temos mais provas no Novo Testamento? Vamos dar uma olhada. Escolhi a Bíblia Amplificada, para que possamos conseguir um entendimento mais claro do que Paulo diz.

> *"Porque este Melquisedeque, que era rei de Salém, sacerdote do Deus Altíssimo, e que saiu ao encontro de Abraão quando ele regressava da matança dos reis, e o abençoou; A quem também Abraão deu o dízimo de tudo. Primeiramente é, por interpretação, rei de justiça, e depois também rei de Salém, que é rei de paz."* (Hebreus 7:1, 2; Amplificada)

Primeiramente, Paulo estabelece nos versos um e dois, que Melquizedeque era um sacerdote de Deus, que encontrou Abrão, o abençoou e recebeu seu dízimo.

> *"Sem pai, sem mãe, sem genealogia, não tendo princípio de dias nem fim de vida, mas sendo feito semelhante ao Filho de Deus, permanece sacerdote para sempre"* (Hebreus 7:3 Amplificada).

Segundo, ele nos diz no verso três que Melquizedeque era como Jesus Cristo, nosso Senhor, e que permanece um sacerdote continuamente.

> *"Considerai, pois, quão grande era este, a quem até o patriarca Abraão deu os dízimos dos despojos. E os que dentre os filhos de Levi recebem o sacerdócio têm ordem, segundo a lei, de tomar o dízimo do povo, isto*

é, de seus irmãos, ainda que tenham saído dos lombos de Abraão." (Hebreus 7:4, 5 Amplificada)

Terceiro, ele nos mostra que os Levitas receberam dízimos dos seus irmãos – filhos de Abraão, para quem as promessas foram feitas. Ele tenta, dificilmente, mostrar que aqueles que receberiam as promessas – bênçãos – deram o dízimo e deveriam dá-lo. Também somos beneficiários das promessas e bênçãos de Deus. Novamente, nós não deveríamos dar o dízimo?

"Mas quele, cuja genealogia não é contada entre eles, tomou dízimos de Abraão, e abençoou o que tinha as promessas (de Deus). Ora, sem contradição alguma, o menor é abençoado pelo maior." (Hebreus 7:6, 7 Amplificada)

Quarto, Paulo especifica nos versos seis e sete que Melquizedeque, que não era um Levita, recebeu o dízimo de Abraão. Pois, sabemos que foi nesse momento quando o dízimo foi instituído. Fica clara a distinção entre dizimar na Lei Mosaica e dizimar conforme as relações entre Melquizedeque e Abraão. Lembremos, com a completa representação de Jesus Cristo, ele recebeu este título de Abraão e o abençoou no nome do Senhor. Paulo se esforçou pela razão, o que era demonstrar que Melquizedeque, que abençoou Abraão, seria maior do que ele.

"E aqui certamente tomam dízimos homens que morrem; ali, porém, aquele de quem se testifica que vive." (Hebreus 7:8 Amplificado)

Quinto, no verso oito, Paulo destacou o ponto de como ambos os dízimos foram recebidos. Este é um verso da Escritura, relacionado ao dízimo. Paulo escreveu que os Sacerdotes que receberam os dízimos de acordo com a Lei morreram. Logo, outros Sacerdotes tomam seus lugares e continuam a receber o dízimo de acordo com a Lei. Entretanto, no caso de Melquizedeque, ele não morreu! Contudo, ele é insubstituível. O representante de Jesus Cristo nunca morre. Nem Jesus Cristo, nosso Senhor, morre. Ele vive para sempre! Assim, o costume, a prática, a lei não escrita, oferecendo dízimo de acordo com o sacerdócio de Melquizedeque, do qual, Jesus Cristo nosso Senhor é o Sumo Sacerdote, também não morrem. Nem as bênçãos vindas da prática de dizimar, morrem.

Paulo nos mostra que os Levitas receberam dízimos – no plural. Ele também diz que no caso de Melquizedeque, "são recebidos". O que ele quer dizer com "são recebidos"? Gramaticalmente, o presente simples é usado para coisas que nunca mudam e que continuam para sempre. A Bíblia nos diz que Abraão deu "um" dízimo a Melquizedeque. Então, quando Paulo diz: "eles são recebidos", o que ele quer dizer? Obviamente, ele está falando de dízimos e não um único dízimo. Entretanto, ele não estava falando somente do dízimo que Melquizedeque recebeu de Abraão, quando ele retornava da Batalha. Ele está falando sobre a Ordem Sacerdotal de Melquizedeque, da qual Jesus Cristo é, cujo Sacerdócio não terá fim.

> *"Visto ser manifesto que nosso Senhor procedeu de Judá, e concernente a essa tribo nunca Moisés falou de sacerdócio." (Hebreus 7: 14)*

Paulo estava esclarecendo o Sacerdócio permanente de nosso Senhor Jesus Cristo para que o dízimo fosse recebido continuamente.

> *"E muito mais manifesto é ainda, se à semelhança de Melquisedeque se levantar outro sacerdote, Que não foi feito segundo a lei do mandamento carnal, mas segundo a virtude da vida incorruptível. Porque Ele testifica: Tu és sacerdote eternamente, Segundo a ordem de Melquisedeque." (Hebreus 7:15-16 Amplificada)*

Jesus Cristo não é somente um sacerdote de acordo com a Ordem de Melquizedeque, mas ele é O Sumo Sacerdote conforme a Ordem de Melquizedeque, para que nosso Senhor e

Salvador receba os dízimos, "aqueles" dos Cristãos, para quem as promessas foram feitas, de acordo com a Nova Aliança. Como Abraão recebeu a promessa e entregou o dízimo, também, seus filhos, que receberam as promessas através de Abraão, deram o dízimo; assim, também, você e eu precisamos fazer, igualmente. Os Cristãos são solicitados a entregar o dízimo ao nosso Sumo Sacerdote, Jesus Cristo. Não de acordo com a Lei, mas conforme a Ordem ou na maneira que Melquizedeque a recebeu; livremente, do coração. Sim, é ainda um dízimo e sim, ele é livremente dado.

Por que Paulo pregou tanto sobre o dizimar, sobre Melquizedeque ser como Jesus, Abraão dar o dízimo, e seus filhos continuarem a dar o dízimo conforme a Lei? Por que destacou tanto isto?

> *"Ora, a suma do que temos dito: Temos um sumo sacerdote tal, que está assentado nos céus à destra do trono da majestade, Ministro do santuário, e do verdadeiro tabernáculo, o qual o Senhor fundou, e não o homem. Porque todo o sumo sacerdote é constituído para oferecer dons e sacrifícios; Por isso era necessário que este também tivesse alguma coisa que oferecer."*
> *(Hebreus 8:1-3)*

Você concorda com Paulo, que Jesus Cristo nosso Senhor e Sumo Sacerdote deveria ter algo a oferecer a Deus nosso Pai, em nosso nome? Ele pagou um débito que ele não devia, para termos vida abundante. Esse foi o maior presente de todos os tempos... Para nós, Ele deu Sua vida – Seu tudo. Ele deitou Sua Cabeça Divina, quando veio ao mundo como um bebê, tornando-se em forma humana. Além do mais, Ele ainda retornou sua vida ao Pai, em nosso favor. O sacrifício final; a mesmíssima coisa que veio à terra para cumprir, o preço completo – 100% pago para você e para mim. Ele deu Sua vida. Por que é tão difícil para alguns Cristãos, dar a Deus 10% de seu aumento, seu salário, sua riqueza?

Por que os Cristãos de hoje reclamam sobre dar o dízimo? Somente 10% do que ganhamos? Por que a maioria das pessoas que não dizimam, lutam tanto sobre o conceito do dízimo? É, talvez, porque amam mais seu dinheiro do que a Deus? O seu dinheiro está mais perto do seu coração do que de Deus? Não é também porque sua segurança está no seu dinheiro e não em Deus? Por outro lado, há Cristãos que muito amam a Deus, mas nunca souberam da importância de dizimar. Tão logo saibam da verdade, não poderão esperar para levar seu dízimo à igreja.

Como podemos concluir? Dizimar é ainda uma prática atual. No ensino de ambos, Paulo e nosso Senhor Jesus, vemos que, se uma pessoa retém o dízimo ou 10% de seus ganhos, ela "está roubando" a Deus. Isso traz uma maldição sobre eles? Você é o juiz. "Roubará o homem a Deus? Todavia vós me roubais E dizeis: Em que te roubamos? Nos dízimos e nas ofertas. Com maldição sois amaldiçoados, porque a mim me roubais, sim, toda esta nação" (Malaquias 3:8, 9). Uau! Se acontecer de você ser alguém que não dizima, porque não compreende que você precisa dá-lo, reconheça e leve a Deus. Arrependa por estar roubando a Deus e peça-lhe perdão. Leve o dinheiro do Senhor que pertence a sua igreja. Você se libertará de qualquer maldição referente ao roubo do dízimo de Deus.

Mantenha isto na mente. Medite no seu coração.

> *"Trazei todos os dízimos à casa do tesouro, para que haja mantimento na minha casa, e depois fazei prova de mim nisto, diz o Senhor dos Exércitos, se eu não vos abrir as janelas do céu, e não derramar sobre vós uma bênção tal até que não haja lugar suficiente para a recolherdes. 'E por causa de vós repreenderei o devorador, e ele não destruirá os frutos da vossa terra; e a vossa vide no campo não será estéril, diz o Senhor dos Exércitos. 'E todas as nações vos chamarão bem-aventurados; porque vós sereis uma terra deleitosa', diz o Senhor dos Exércitos." (Malaquias 3:10-12)*

Você não deseja esse tipo de grande bênção sobre o qual Deus está falando em Malaquias? Querido filho de Deus, essa bênção está, especificamente, relacionada ao dízimo. Entregue a Deus seu dízimo e essa bênção, relativa ao dizimar, será sua.

Além disso, quando Ele diz que irá "repreender o devorador", quem é ele? É Satanás! O demônio é aquele que rouba, mata e destrói. Quando você der ao Senhor o seu dízimo, Ele irá impedir o demônio de roubá-lo. Deus irá livrá-lo das mãos de Satanás. Se há tal maldição em Malaquias 3:9 sobre sua vida, Deus irá removê-la.

Deus Pai, dedico minha vida para viver em obediência a toda palavra Sua. Darei o que lhe pertence e não irei roubá-lO nos Seus dízimos. Vou honrar o tempo separado para Você, tais como dias de adoração, para oração e estudo de Sua palavra, e usarei meus dons e talentos para glorificar Seu nome e ser uma bênção para as pessoas. Comprometo-me a praticar Sua palavra e não ser apenas um ouvinte. Andarei sempre nos seus caminhos, à medida que me guia com seu Espírito Santo e me dá força e poder para fazê-lo. Querido Deus, meu Pai, peço-lhe que repreenda Satanás por roubar-me a riqueza, minha saúde e minha felicidade. Abençoe minha vida interior e externa, para que a abundância seja manifesta em minha vida. Por isso, te louvarei e glorificarei. Peço-lhe tudo isso no nome de Jesus. Amém.

9
CONFISSÃO VERDADEIRA

"Tende fé em Deus! E, com toda a certeza eu vos asseguro, que se qualquer pessoa... não houver dúvida em seu coração, mas crer que se realizará o que pede, assim lhe será feito'."
(Marcos 11:22-23)

Tive uma discussão com um amigo meu, há algum tempo. Nossa discussão demonstrou-me, mais uma vez, o quanto esse ensino é prevalente no Corpo de Cristo e que maldições geracionais passaram dos antepassados ímpios para os Cristãos. Meu amigo desejava que eu compreendesse que uma "maldição geracional" que foi passada para um Cristão, não é a mesma mencionada em Êxodo 20:5. Ele explicou, "Esta é uma maldição dos pais que sofreram de embriaguez. Foi passada para dentro do corpo do Cristão, porque uma pessoa ainda carrega a natureza pecaminosa em seu corpo. É onde a maldição passa e é por isso que as pessoas são tentadas e lutam com os pecados de seus pais". Não tivemos tempo suficiente para discutirmos mais, pois estávamos em seu escritório e ele teve que sair para um compromisso. Eu também tinha que seguir meu caminho. Assim, não discutimos mais. Deixamos para outra ocasião. Este meu amigo e eu sempre discutimos vários assuntos da Bíblia. Dessa maneira, várias vezes, tivemos muitas revelações pelo Espírito Santo.

Bem, à luz da primeira discussão, o que você acha? Acredita que é verdade? Você crê que a maldição geracional – práticas do mal, hábitos e escravidão de seus antepassados conseguiram passar para dentro de seu corpo? Discutimos tudo isso nos capítulos anteriores, então, acredito que, por agora, você tem um conhecimento melhor sobre o assunto. Você sabe que isso não aconteceu e nem poderia. Por uma questão de dar mais clareza a nossa discussão e remover qualquer dúvida, escolhi elaborar mais sobre o assunto. Para fazer isso, precisamos, mais uma vez, examinar Êxodo. Qual é a verdade real atrás disso tudo? Como podemos, além disso, provar que maldições geracionais não foram passadas aos Cristãos pelos antepassados? Precisamos saber a verdade porque "E conhecereis a verdade, e a verdade vos libertará" (João 8:32).

Vejamos, entretanto, primeiro, Êxodo.

> *"Não farás para ti imagem de escultura, nem alguma semelhança do que há em cima nos céus, nem em baixo na terra, nem nas águas debaixo da terra. Não te encurvarás a elas nem as servirás. Porque eu, o Senhor teu Deus, sou Deus zeloso, que visito a iniquidade dos pais nos filhos, até a terceira e quarta geração daqueles que me odeiam. E faço misericórdia a milhares dos que me amam e aos que guardam os meus mandamentos.*
> *(Êxodo 20:4-6)*

Por que os estudiosos tem usado esta parte das Escrituras para ensinar aos Cristãos que as maldições – pecados, iniquidades e transgressões, seja o que for que passaram para eles – são inacreditáveis. A verdade é que as maldições geracionais não foram passadas para os Cristãos. Isso não pode acontecer. No final de tudo, temos que buscar a verdade. Somente a verdade importa, não a lógica – não 2+2= 4.... Os caminhos de Deus são mais altos que os nossos. "Os meus pensamentos são mais altos do que os vossos pensamentos" (Isaias 55:9). Não devemos tomar as coisas de Deus e "adicioná-las" usando o sistema de adição do homem. Isso não dará certo.

Aqui está algo que muitos Cristãos têm falhado em compreender.

"Porque, como pela desobediência de um só homem, muitos foram feitos pecadores, assim pela obediência de um muitos serão feitos justos." (Romanos 5:19)

Pelo pecado de Adão, nos tornamos todos pecadores. Pela obediência a Cristo, no entanto, quando salvos, fomos feitos justos. Isso me revela que o pecado de Adão, a maldição de Adão – pecado, transgressões, iniquidades, práticas do mal – o que for que desejar chamá-los, foram todos removidos pela morte e ressurreição de Jesus Cristo. Isso inclui qualquer maldição geracional – qualquer transgressão e iniquidade de nossos antepassados. Se foram! Elas foram eliminadas, em Jesus Cristo. Olhe, com atenção, ao que Paulo diz em Romanos.

"Porque, se pela ofensa de um só, a morte reinou por esse, muito mais os que recebem a abundância da graça, e do dom da justiça, reinarão em vida por um só, Jesus Cristo." (Romanos 5:17)

Através dos pecados de Adão, fomos todos ligados ao pecado, iniquidade e transgressão. Semelhantemente, antes de se tornar nascido de novo, todo tipo de maldição que lhe foi passada, lhe tinha em suas garras. Não havia uma maneira de sair. Você estava ligado, controlado, derrotado, perdido, morrendo no seu caminho para o inferno.

Entretanto, vamos agradecer ao Poderoso Deus. No momento em que você nasceu de novo, todo pecado e toda maldição terminou com Jesus Cristo! Foram removidos e enterrados com Ele. Você se libertou! Vá em frente e grite: "Aleluia!" Então precisamos voltar às Escrituras. "Ou não sabeis que todos quantos fomos batizados em Jesus Cristo fomos batizados na sua morte? De sorte que fomos sepultados com ele pelo batismo na morte; para que, como Cristo foi ressuscitado dentre os mortos, pela glória do Pai, assim andemos nós também em novidade de vida" (Romanos 6:3, 4). Se você foi enterrado com Jesus Cristo, então, você deve ter morrido com Ele. Se morreu com Jesus, então seus pecados e transgressões foram pregadas na cruz com Ele. Quando você foi enterrado com Ele na água do batismo, todas as transgressões e maldições foram enterradas com você em Jesus Cristo. Enquanto estava enterrado com Ele, isso também significa que foi ressuscitado com Ele. Desde que Ele vive, você vive!

A Morte não tem herança

Já vimos que se você, como uma pessoa, tivesse morrido, seria enterrado. Você perdeu toda sua herança que viria dos seus pais. Não teria mais qualquer expectativa de receber alguma coisa deles de novo. Não há nada que eles poderiam fazer por você mais. Seria o fim. Em Jesus Cristo, espiritualmente falando, você morreu para seus pais. Você nasceu de novo. Você tem uma nova vida. Você se mudou de suas vidas. Você foi mudado. Mudou de sua casa anterior para uma nova. Você pode viver na casa de Deus. Você recebeu um novo Pai – Deus! Recebeu também uma nova família – o Corpo de Cristo. Adicionalmente, você tem uma nova herança através da Nova Aliança que Jesus Cristo lhe deu. Sua força, seu poder de superação e sua libertação estão agora em Jesus Cristo. Você reina, vive, movimenta e tem seu ser em Jesus Cristo.

Você sabe, todo o povo de Deus deveria ser inteligente o suficiente para dar crédito ao que Ele tem feito por eles e pelo o que Ele está fazendo por eles, agora. Eles não deveriam dar qualquer crédito ao demônio pelo que ele não pode fazer. Filipenses 4:13 diz: "Posso todas as coisas em Cristo que me fortalece". Você pode confiar completamente em Deus, pois Ele o lavou no Seu próprio sangue e o fez limpo de todos os pecados; que de fato, ele o fez limpo de todos os seus pecados! Salmo 51:7 declara:" lava-me, e ficarei mais branco do que a neve". É o quanto Ele nos purificou.

Vejamos em Isaías:

> *"Verdadeiramente ele tomou sobre si as nossas enfermidades, e as nossas dores levou sobre si; e nós o reputávamos por aflito, ferido de Deus, e oprimido. Mas ele foi ferido por causa das nossas transgressões, e moído por causa das nossas iniquidades; o castigo que nos traz a paz estava sobre ele, e pelas suas pisaduras fomos sarados."* (Isaías 53:4, 5)

Esaa é a profecia, mesmo antes da época do Novo Testamento, que iniciou com o nascimento de Jesus. Se Jesus foi ferido, castigado e maltratado por suas transgressões; se Ele sofreu por nossas iniquidades; então Ele já pagou por todos os nossos pecados, não é? Além do mais, desde que Ele foi punido por suas transgressões, seus pecados e iniquidades, Deus iria punir você novamente por eles? Deus estaria certo em fazê-lo? Se Jesus tomou todas as suas iniquidades na cruz, como poderia você ainda tê-las? Como poderia você ter herdado qualquer tipo de maldição em seu corpo ou qualquer outro lugar em sua vida? Jesus as suportou. Ele as levou embora com Ele. Ele sofreu e morreu. Ele foi punido por todos os seus pecados, transgressões, iniquidades e maldições. Por isso, a Bíblia diz:

> *"Cristo nos resgatou da maldição da lei, fazendo-se maldição por nós; (porque está escrito: 'Maldito todo aquele que for pendurado no madeiro)."* (Gálatas 3:13)

Redimir significa pagar integralmente por algo que está sendo resgatado. Você não pode resgatar seu anel de diamante da loja de penhores sem pagar o valor total que devia. Você tem que pagar o proprietário da loja, a quantidade integral do dinheiro que você recebeu e concordou em pagar de volta. Quando você resgata sua joia, você espera que não esteja estragada. Você não espera que o proprietário da loja tiraria dela ou adicionaria a ela, não é? Bem, então, porque o povo de Deus acreditaria que Deus, que pagou o preço integral da redenção por nós, não nos retornaria completamente na sua perfeição? Por que Ele nos retornaria nossos velhos "eus" com todos os pecados, transgressões, iniquidades e maldições de nossos antepassados? Afinal, isso não faria sentido, não é?

Sim, Deus aceitou você, exatamente do jeito que era, com todos os seus pecados, iniquidades, maldições e tudo que você tinha. Então Ele o lavou completamente com o sangue de Seu Filho Jesus Cristo. Portanto, você ficou totalmente limpo, no exato momento quando aceitou Jesus Cristo como seu Senhor e Salvador! O sangue de Jesus Cristo nunca perde seu poder. É, também, impossível, você entrar no céu com algum pecado seu. Não faz sentido, se você pagar o preço completo por algo, que você levaria alguma coisa extra, que você não queria, precisaria ou pelo qual pagaria. O pior ainda, é que se você levasse algo que não tivesse pago, você seria um ladrão. Permita-me deixá-lo entrar em algo que não é tanto um grande segredo. Meu Deus não é um ladrão. Ele não leva o que não lhe pertence. Portanto, se Ele pagou por você, o qual foi feito, Ele não iria levá-lo e a todos os pecados, transgressões e maldições de seus antepassados? A Bíblia diz que Ele os pregou junto com Jesus na cruz. Louve ao Senhor!

Deus não só o trouxe de volta, mas também "o fez uma nova criatura em Jesus Cristo" (II Coríntios 5:17) com a morte e ressurreição de Seu único Filho, Jesus Cristo. Isso significa que Ele trocou Sua vida, por sua velha, pecaminosa, morta e condenada a vida no inferno. Ele tomou sua velha vida, e tudo dela e a pregou na cruz. Além disso, quando o colocaram no túmulo, sua velha vida foi colocada lá também! Jesus a deixou lá. Por que Ele traria de volta, algo da velha vida? Então, Ele lhe deu Sua vida – A vida de Jesus. Não há maldição na Vida de Cristo! Você sabe por que alguns Cristãos não compreendem esta verdade? É porque não compreendem que maldições geracionais não poderiam ser passadas para sua nova Vida? Eles tiraram a fé do seu raciocínio. A fé foi colocada de lado em suas suposições e opiniões.

Entretanto, é somente pela fé que "nele vivemos, nos movemos, e existimos" (Atos 17:28) em Jesus Cristo. É somente nossa fé Nele que nos diz que temos uma nova vida. A fé no Senhor nos demonstra que não temos que crer numa mentira. A fé nos faz acreditar na verdade do Evangelho – as boas novas. A fé faz-me acreditar que Deus me salvou e me limpou de todos os meus pecados e que Ele me fez uma nova criatura. Por que tenho que adicionar ou tirar da Palavra de Deus quando o seu conteúdo é verdadeiro? Se sou guiado por filosofias e doutrinas humanas, é exatamente o que farei. Eu irei adicionar ou tirar da Palavra de Deus. Se você é guiado pelo que os doutores e cientistas dizem e tenta justificar isso com as Escrituras, eu adicionei à Palavra de Deus. A Palavra de Deus não precisa de confirmação ou acordo com os doutores e cientistas para ser verdade. Sua palavra é sempre verdade. O que Deus diz é como isso é.

Quando Deus disse que você se tornou nova criatura, então, é isso que aconteceu com você. Ele disse que o velho homem que você era, morreu. Desde que Deus disse, isso é. Ele disse que todas as coisas sobre você, referentes a você se tornaram novas.

"Assim que daqui por diante a ninguém conhecemos segundo a carne e, ainda que também tenhamos conhecido Cristo segundo a carne, contudo agora já não o conhecemos deste modo. Assim que, se alguém está em Cristo, nova criatura é; as coisas velhas já passaram; eis que tudo se fez novo."
(II Coríntios 5:16, 17)

Com a sabedoria que somente vem de Deus, o Apóstolo Paulo decidiu não olhar aos Cristãos, de acordo com a carne. Ele os olhava de acordo com o Espírito. Por quê? Porque se tornaram novas criaturas. Acima de tudo, como Paulo tinha sido um grande perseguidor dos Cristãos e foi derrubado e tornado cego na estrada para Damasco para encontrar com Jesus, ele compreendeu o que significava ser uma nova criatura, muito mais do que as pessoas. Veja, se Deus, através do Apóstolo Paulo, diz que você é uma nova criatura, então, você é assim. Ele está falando sobre você. Ele nos diz que tudo sobre você morreu e foi eliminado. Foi embora. Tudo sobre você e referente a você, do momento de seu novo nascimento, é novo. Além disso, Deus diz que você é justo.

"Àquele que não conheceu pecado, o fez pecado por nós; para que nele fôssemos feitos justiça de Deus."
(II Coríntios 5:21)

Você se tornou "justiça de Deus" no exato momento em que se tornou Seu filho, no seu novo nascimento. Você poderá ler mais sobre esse assunto neste livro: "O que não lhe foi contado sobre Justiça".

Maldição versus Tentação

O argumento que ouvi e posso ouvir novamente é que a maldição de seus antepassados penetrou em sua carne. Portanto, para livrar-se dela, devem ter lhe dito para cortá-la de você através de orações especiais e que, literalmente, você precisa removê-la cortando cada maldição, falando com cada uma. Eu não tenho nada contra alguém orar tal oração. Entretanto, a maneira que as pessoas falam, é como se Deus não pudesse ter feito isso quando Ele o redimiu.

É um caminho de fé que não é trabalho seu! Não é por seu trabalho que você é salvo. Não é por um ato de algum pregador, pastor, evangelista ou outro ministro que oram por você. É por um ato! Foi a morte e ressurreição de Jesus Cristo que o fez. "Mas Pastor David, você tem que aplicar isso em sua vida!". Concordo. Somente receba Cristo Jesus como seu Senhor e Salvador. Mude seu pensar, seu desejo e emoções, renovando sua mente. Preencha seu coração e mente, com a Palavra de Deus, todos os dias. Adore-o e louve-o todos os dias. Ore sempre, de hora em hora, e tenha comunhão com outros crentes na igreja que pregam a Bíblia. Se você o fizer, não estará satisfazendo aos desejos de seu corpo e não obedecerá às suas ânsias.

As pessoas erradamente associam tentação com maldição. Quando você é tentado pelo demônio, não é porque está sob uma maldição ou está amaldiçoado. Jesus foi tentado? Ele foi tentado por que estava amaldiçoado? Não é uma maldição, que veio de seus antepassados, que causa você ser tentado. Nem são as maldições de seus antepassados, com as quais você luta na sua vida Cristã. Não, "Porquanto, nossa luta "(é) ...contra as potestades, contra os príncipes das trevas deste século, contra as hostes espirituais da maldade, nos lugares celestiais" (Efésios 6:12). Então, novamente,

> *"Porque as armas da nossa milícia não são carnais, mas sim poderosas em Deus para destruição das fortalezas; Destruindo os conselhos, e toda a altivez que se levanta contra o conhecimento de Deus, e levando cativo todo o entendimento à obediência de Cristo; E estando prontos para vingar toda a desobediência, quando for cumprida a vossa obediência." (2 Coríntios 10:4-6)*

Sua batalha é contra Satanás e suas hostes espirituais do mal. É contra isso que você está lutando. Eles são os que vieram contra você e provocaram você a pecar – não as maldições de seus antepassados. Esses espíritos são os que fazem tudo o que é possível para trazê-lo para o cativeiro e manter você lá. Além disso, esses espíritos do mal estão usando a mentira que lhe contaram: "maldições geracionais penetraram em você...". Se você acredita na mentira, então Satanás já tem um ponto de entrada em sua vida. Arrependa-se por receber essa mentira, repreenda-a e você será liberto, imediatamente, no nome de Jesus Cristo.

Se você crê na mentira, que possui uma maldição de seus antepassados sobre sua vida, Satanás estará certo de que você continua acreditando nisso. Ele o tentará ainda mais nessa área. Ele irá tentá-lo, o fará tropeçar, o irritará e fará tudo o que é possível, para fazê-lo cair e permanecer no chão, e o fará crer que você tem uma "maldição geracional". Se você compreende, no seu coração, que venceu Satanás com o sangue de Jesus Cristo, e por seu testemunho, você sempre vencerá. Você não está lutando com uma maldição geracional. Você está lutando com o demônio. É uma mentira que você vive com algo contra o qual você esteja batalhando. Você vencerá. Jesus é capaz de dar-lhe a vitória e conduzi-lo ao triunfo.

> *"Eles, pois, o venceram por causa do sangue do Cordeiro e por causa da palavra do testemunho que deram e, mesmo em face da morte, não amaram a própria vida."* (Apocalipse 12:11)

O que causa problemas nas pessoas? Não é a "maldição geracional". Não é algum pecado de seus antepassados. É possível que algo que seu pai fez no passado possa afetá-lo negativamente. Por exemplo, se ele gastou seus recursos em drogas ou álcool, você não pode esperar dinheiro ou herança dele. Se seus pais morreram e lhe deixaram uma casa em débito, você vai carregar essa dívida. Entretanto, não é verdade que por causa de seus pais ou os pais deles terem cometido pecados horríveis, você tem que pagar por eles.

Qual será seu testemunho? Você irá testemunhar que possui uma maldição? Irá confessar que a maldição da embriaguez de seu avô está em seu corpo? Ou confessará: "Venci a maldição da embriaguez, pelo sangue de Jesus Cristo"? Testemunhará que a maldição do adultério de seu avô está em seu corpo? Ou confessará que você é mais que um vencedor em Cristo Jesus? Ou que a maldição de luxúria de sua avó está em seu corpo ou foi passada para você? Ou testifica: "Jesus Cristo me purificou de todos os meus pecados. Estou liberto de cada pecado, incluindo as práticas do mal de meus antepassados". Quando você for tentando, você testifica: "Esta é a maldição de homem mulherengo, carnal e fornicador de meu pai, meu avô, meu bisavô e meu tetravô, então estou derrotado"? Ou você irá testemunhar: "Irei submeter-me a Deus, resistir o mal e ele irá fugir de mim. Não me submeterei à luxúria da carne. Não sucumbirei aos seus desejos. Andarei no Espírito e não satisfarei à carne. Jesus Cristo é minha força. Sou um Vencedor".

"Se, com a tua boca, confessares Jesus como Senhor e, em teu coração, creres que Deus o ressuscitou dentre os mortos, serás salvo. Porque com o coração se crê para justiça e com a boca se confessa a respeito da salvação."
(Veja Romanos 10:9-10)

Você é um Vencedor

Você não é um perdedor. Você é vencedor. Deus não lhe salvou, de modo que você continuasse a pecar. De fato, Deus o proíbe. Você foi salvo para viver santo e justo. Além do mais, Deus lhe deu tudo, não só para derrotar os ataques e mentiras do inimigo, mas também para viver uma vida piedosa. Antes de tudo, Ele lhe deu Sua vida. Ele lhe deu Sua Palavra. Ele lhe deu Seu nome. Ele lhe deu Seu Santo Espírito, Seu poder, Sua força e Sua autoridade.

Assim digo para que ninguém vos engane com raciocínios falazes. Pois, embora ausente quanto ao corpo, contudo, em espírito, estou convosco, alegrando-me e verificando a vossa boa ordem e a firmeza da vossa fé em Cristo. Ora, como recebestes Cristo Jesus, o Senhor, assim andai nele radicados, e edificados, e confirmados na fé, tal como fostes instruídos, crescendo em ações de graças. Cuidado que ninguém vos venha a enredar com sua filosofia e vãs sutilezas, conforme a tradição dos homens, conforme os rudimentos do mundo e não segundo Cristo. Porquanto, nele, habita, corporalmente, toda a plenitude da Divindade. Também, nele, estais aperfeiçoados. Ele é o cabeça de todo principado e potestade. Nele, também fostes circuncidados, não por intermédio de mãos, mas no despojamento do corpo da carne, que é a circuncisão de Cristo, tendo sido sepultados, juntamente com ele, no batismo, no qual igualmente fostes ressuscitados mediante a fé no poder de Deus que o ressuscitou dentre os mortos. E a vós outros, que estáveis mortos pelas vossas transgressões e pela incircuncisão da vossa carne, vos deu vida juntamente com ele, perdoando todos os nossos delitos; sendo cancelado o escrito de dívida, que era contra nós. E Ele removeu-o, inteiramente, encravando-o na cruz. (Colossences 2:4-14)

Note que você é completo em Jesus. Se você vive em Cristo, você não irá satisfazer aos desejos da carne. Este é o segredo para vencer o inimigo. A chave para derrotar Satanás em sua vida, é a obediência a Cristo Jesus. É o viver para agradar a Ele e não o viver para agradar a si. O segredo para dominar e derrotar o demônio é permitir a Cristo, viver através de você, diariamente. "Porque, se nós, quando inimigos, fomos reconciliados com Deus mediante a morte do seu Filho, muito mais, estando já reconciliados, seremos salvos pela sua vida" (Romanos 5:10). Também,

> *"Toda arma forjada contra ti não prosperará; toda língua que ousar contra ti em juízo, tu a condenarás; Esta é a herança dos servos do SENHOR e o seu direito que de mim procede, diz o Senhor."*
> *(Isaías 54:17)*

Está certo, meu amigo! Essa é sua herança em Isaías 54:17, não maldições. Sua herança vem de Deus.

O que está em seu coração? Em Provérbios 23:27, lemos: "Porque, como imaginou no seu coração, assim é ele". Jesus também disse: "A pessoa boa tira o bem do bom tesouro do coração, e a pessoa má tira o mal do mau tesouro. Porque a boca fala do que está cheio o coração". (Lucas 6:45). E aqui, também:

> *"E Jesus, respondendo, disse-lhes: 'Tende fé em Deus; Em verdade vos digo que qualquer que disser a este monte: Ergue-te e lança-te no mar; e não duvidar em seu coração, mas crer que se fará aquilo que diz, assim lhe será feito". (Marcos 11:22-23).*

Você tem pensado e acreditado que as "maldições geracionais" estão operando em sua vida? Você disse ou está proclamando que você tem maldições geracionais? Se você fez isto, precisa se arrepender perante o Senhor imediatamente. Peça a Deus perdão por esses pensamentos que, mais provavelmente, foram declarados fora de sua boca. Renuncie a cada pensamento, especialmente as palavras ditas sobre ser "amaldiçoado geracionalmente" e serás imediatamente liberto. Deixe sua confissão ser a que glorifica a Jesus, que declare a bondade e justiça de Deus, trabalhando no seu interior, para trazer glória ao Seu nome. Deixe ser um testemunho de que Deus é maior que seus inimigos, que Deus o faz vencer o mal e lhe dá a vitória, e que você reina e se move Nele; e que você vencerá sempre.

Meu Pai e meu Deus, você me tornou a justiça de Deus em Cristo Jesus, conforme II Coríntios 5:21, uma nova criatura. Não sou a mesma pessoa que eu costumava ser. Sou novinho em folha. Estou sentado à tua direita, em Jesus Cristo e me fez completo nele, de acordo com Colossenses 2:10. De fato, estou escondido em Cristo, em Deus, de acordo com Colossenses 3:3. Por seu Santo Espírito, me fará vencer o pecado e a tentação. Não me deixes cair em tentação, oh, querido Pai, mas conduze-me pelo caminho da justiça, em teu nome, em nome de Jesus. Amém.

10

AQUELE QUE PECA

"Mas se o ímpio se converter de todos os pecados... e proceder com retidão e justiça... De todas as transgressões que cometeu não haverá lembrança contra ele..."
(Ezequiel 18:21-22)

É importante compreendermos que o pecado é algo que temos que lidar com ele enquanto vivermos nesta terra. O pecado cometido tem ramificações. No entanto, isso demanda muita atenção. Devemos nos esforçar para lidar com isso. "... 'Os pais comeram uvas verdes, e os dentes dos filhos se embotaram'?" (Ezequiel 18:2). Em Êxodo, Deus pronunciou uma maldição contra Israel. Se um pai pecasse, (adorando ídolos), as crianças pagariam por isso. O pagamento por aquele pecado particular continuaria até a quarta geração. Assim, através da linha dos filhos: do pai para seu filho, daquele filho para seu filho e então, deste filho para o filho do filho e por último para o derradeiro filho do filho. É um trava-língua, não é? Para simplificar: o filho de um homem até o terceiro neto pagaria por seu pecado particular. É o que significa: "Os dentes dos filhos se embotaram". Os pais cometeram o crime e os filhos fizeram o tempo ou, em outras palavras, pagaram por isso.

Entretanto, Deus mudou essa lei específica ou comando ou maldição prevista, como for que deseje chamá-la. Ela terminou quando o Senhor disse a Ezequiel: "Você nunca usará esse dizer novamente!". Como também, "Tão certo como Eu vivo, eis que prometo, diz o SENHOR Deus, nunca mais se mencionará este dito popular em Israel" (Ezequiel 18:3). Nunca mais significa, "não mais". Quando Deus diz não mais, é exatamente o que Ele quer dizer. Se Deus dissesse algo como isso a você, como reagiria? Você pensaria: "Bem, isto é específico para Ezequiel e para aquela época. Talvez, Deus tenha mudado Sua mente e isso continuou posteriormente".

No entanto, sei que você é mais inteligente do que isso. Deus é o mesmo ontem, hoje e para sempre. Se Ele diz que mudou a lei, então Ele a mudou. Eu não acredito que se Deus tivesse falado diretamente para você, como ele falou com Ezequiel, que você teria acreditado em algo mais. Observe isso: "Eis que todas as almas são minhas; como o é a alma do pai, assim também a alma do filho é minha: a alma que pecar, essa morrerá" (Ezequiel 18:4). O que Deus está falando conosco? Ele está estipulando que cada alma é responsavel, diante de Deus, por sua ou seu próprio erro. Todos devem ter a sua ou o seu próprio relacionamento com Deus.

O Homem Justo

Além do mais, em Ezequiel, podemos ler e compreender bastante. Deus disse:

> "Sendo pois o homem justo, e procedendo com retidão e justiça, não comendo sobre os montes, nem levantando os seus olhos para os ídolos da casa de Israel, nem contaminando a mulher do seu próximo, nem se chegando à mulher na sua separação; não oprimindo a ninguém, tornando, porém, ao devedor o seu penhor, e não roubando, repartindo seu pão

> com o faminto, e cobrindo ao nu com vestido; não emprestando com usura, e não recebendo mais de que emprestou, desviando a sua mão da injustiça, e fazendo verdadeira justiça entre homem e homem; andando nos meus estatutos, e guardando as minhas ordenanças, para proceder segundo a verdade; esse é justo; certamente viverá, diz o Senhor Deus."
> (Ezequiel 18:5-9)

Se um homem praticou a justiça e fez o bem, ele seria recompensado pelo bem. Ele viveria e não morreria. Ele praticou a justiça. O que Deus está nos mostrando? O homem justo será recompensado por seu próprio bem. O bem não é tirado dele pelos pecados passados de seu pai. O homem bom é recompensado porque ele pratica a justiça e pratica coisas boas. Deus recompensa aqueles que diligentemente O procuram e O obedecem.

O que aconteceria se um homem justo, no entanto, tivesse um filho pecador?

> "E se ele gerar um filho que se torne salteador, que derrame sangue, que faça a seu irmão qualquer dessas coisas e que não cumpra com nenhum desses deveres, porém coma sobre os montes, e contamine a mulher de seu *próximo, oprima* ao pobre e necessitado, pratique roubos, não devolva o penhor, levante os seus olhos para os ídolos, cometa abominação, empreste com usura, e receba mais do que emprestou; porventura viverá ele? Não viverá! Todas estas abominações, ele as praticou; certamente morrerá; o seu sangue será sobre ele." (Ezequiel 18:10-13)

O filho mau não poderia herdar uma boa recompensa de Deus, somente porque seu pai fosse um homem justo. O filho mau deve pagar por seus próprios pecados. Esse filho perverso não poderia ser abençoado, somente porque seu pai era abençoado. Ele não herda bênçãos, mas é punido por seus próprios pecados. E se outro homem perverso, por sua vez, tem um filho que pratica a justiça? O filho íntegro herda as maldições de seu pai perverso?

> "Eis que também, se este por sua vez gerar um filho que veja todos os pecados que seu pai fez, tema, e não cometa coisas semelhantes, não coma sobre os montes, nem levante os olhos para os ídolos da casa de Israel, e não contamine a mulher de seu próximo, nem oprima a ninguém, nem roube, porém reparta o seu pão com o faminto, e cubra ao nu com vestido; que aparte da iniquidade a sua mão, que não receba usura nem mais do que emprestou, que observe as minhas ordenanças e ande nos meus estatutos; esse não morrerá por causa da iniquidade de seu pai; certamente viverá!" (Ezequiel 18:14-17)

O que acontece ao filho que não pratica os pecados de seu pai? Ele não recebe as maldições de seu pai! É recompensado com bênçãos. Ele é abençoado por suas boas ações e por sua obediência a Deus.

Deus não é mau! Deus não é homem. As pessoas supõem e avaliam logicamente as coisas pelo que veem. Elas avaliam as coisas de acordo com seu estado natural e pelo quanto significam para elas. Deus não pensa como o homem. Lemos em Isaías: "Porque os meus pensamentos não são os vossos pensamentos, nem os vossos caminhos os meus caminhos", diz o Senhor. "Porque, assim como o céu é mais alto do que a terra, assim são os meus caminhos mais altos do que os vossos caminhos, e os meus pensamentos mais altos do que os vossos pensamentos" (Isaías 55:8, 9).

Deus diz isso em algum outro lugar? Vamos olhar mais para trás, para o Velho Testamento. "Ele é a Rocha; suas obras são perfeitas, porque todos os seus caminhos são justos; Deus é fiel e sem iniquidade; justo e reto é ele" (Deuteronômio 32:4). Os caminhos dos homens não são justos. Como também, podemos ler em Apocalipse que os caminhos de Deus são maiores que os do homem. "E cantavam o cântico de Moisés, servo de Deus, e o cântico do Cordeiro, dizendo: "Grandes e admiráveis são as tuas obras, ó Senhor Deus Todo-Poderoso! Justos e verdadeiros são os teus caminhos, ó Rei dos séculos!" (Apocalipse 15:3). Podemos facilmente concluir que os caminhos de Deus são mais altos do que os caminhos do homem e Seus caminhos são justos, enquanto os caminhos do homem podem ser algumas vezes (pela influência de Deus, o homem pode agir com justiça). Assim, temos três partes da Escritura que testificam essa verdade.

Enquanto o homem, com seu pensamento limitado e pequeno, trouxe os pensamentos de Deus ao seu próprio nível em sua mente, Deus ainda é Deus. Deus não recompensa as pessoas dando-lhes o mal por bem ou o bem por mal. Ele é mais sábio que isso. Isso não é como Deus deseja que nós decifremos Sua palavra! Isso não é como Ele quer que nós contemplemos o que Ele disse na bíblia. Deus deseja que nós interpretemos Sua Palavra com Sua Palavra. Podemos lê-la por nós mesmos. Se alguém nos conta diferentemente, não mais temos que acreditar neles. Isto significa que nós mesmos deveríamos pegar a Bíblia, abri-la e ler o que Deus tem a dizer. Quando ouvimos a pregação de um sermão, devemos olhar de perto o modo que o pregador a interpreta, e verificar se está de acordo com a Bíblia. Quando recebemos um ensino de alguém, devemos estar certos que a Escritura fala, exatamente, o mesmo duas, três ou mais vezes. Assim, sabemos melhor por causa das palavras do próprio Deus. Não devemos ser tão inocentes em acreditar em tudo que nos é ensinado.

Adoração ao Ídolo

Como vimos anteriormente, "uma maldição geracional" foi pronunciada sobre quem rejeitou a Deus por adorar aos ídolos. Observe isto novamente.

> "Não farás para ti imagem esculpida... não te encurvarás diante delas, nem as servirás. Porque eu, o Senhor teu Deus, sou Deus zeloso, que visito a iniquidade dos pais nos filhos até a terceira e quarta geração daqueles que me odeiam." (Êxodo 20:4-5)

Esse mandamento não foi intencionado para ou dirigido a todo o Israel. Foi dito, somente, contra aqueles que adoravam ídolos. Preste atenção para o que Deus diz a Ezequiel sobre o filho justo e o pai pecador. ... Nem levante os olhos para os ídolos da casa de Israel... (Ezequiel 18:15). Ele nos diz que se esse bom filho não adora ídolos, mas serve ao Deus vivo, ele não herdará a maldição de Êxodo 20:5. Ele diz, "... Ele não morrerá pela iniquidade de seu pai. Ele certamente viverá!" (Ezequiel 18:1). Você observa o ponto de exclamação? Deus leva isso a sério. O filho justo não tem que pagar pela iniquidade de seu pai.

Arrependimento

O arrependimento é, no entanto, um requerimento para todos e cada um de nós. "Agora, pois, melhorai os vossos caminhos e as vossas ações, e ouvi a voz do Senhor vosso Deus, e o Senhor desistirá do mal que falou contra vós" (Jeremias 26:13). Então, novamente,

> "Mas se o ímpio se converter de todos os seus pecados que cometeu, e guardar todos os meus estatutos, e proceder com retidão e justiça... Nenhuma das suas transgressões que cometeu não haverá lembrança contra ele;

pela sua justiça que praticou, viverá. Tenho eu algum prazer na morte do ímpio? diz o Senhor Deus. Não, desejo antes que se converta dos seus caminhos, e viva?" (Ezequiel 18:21-23)

É ainda o desejo de Deus que todos se salvem e que nenhum se perca. É também desejo de Deus, abençoar seu povo e que o mal não venha sobre eles. Triste é que o povo de Deus quase sempre acredita ser seu Deus justo e santo, como Ele é, mas mesmo assim permitiria as maldições e punições — devidos ao pecado de seu pai terreno – passassem para eles. O coração de Deus deve ter sofrido, terrivelmente, por seu povo pensar assim.

Deus fez o maior sacrifício quando ele colocou seu único filho gerado, Jesus Cristo, o Messias, numa cruz e o deixou morrer pelos pecados de todas as pessoas do mundo. Como poderia esse Deus permitir que as maldições de seus antepassados venham sobre eles? É hora de dar a Deus, o crédito que lhe é devido. Ele é amoroso, amável, fiel e verdadeiro, paciente, gentil, misericordioso e gracioso... e a lista vai... Ele é poderoso, santo, maravilhoso, inspirador e surpreendente. Ele merece todo louvor, adoração e amor. "Contudo dizeis: 'Por que não levará o filho a iniquidade do pai?' Ora, se "o filho proceder com retidão e justiça, e guardar todos os meus estatutos, e os cumprir, certamente viverá. A alma que pecar, essa morrerá. O filho não levará a iniquidade do pai, nem o pai levará a iniquidade do filho. A justiça do justo ficará sobre ele, e a impiedade do ímpio cairá sobre ele" (Ezequiel 18:19). Por que o filho não deveria suportar, carregar, levar sobre si, pagar o preço e sofrer a consequência dos pecados de seu pai? Somente porque ele não cometeu os atos do mal de seu pai. É tão simples!

Lá no Velho Testamento, no livro de Ezequiel, Deus mudou o requisito da lei em Êxodo 20:5, no que diz respeito aos filhos serem responsáveis pelos pecados de seus pais.

"O Senhor é tardio em irar-se, e grande em misericórdia; perdoa a iniquidade e a transgressão; ao culpado não tem por inocente, mas visita a iniquidade dos pais nos filhos até a terceira e a quarta geração."
(Números 14:18 AMP)

"Ele, de maneira nenhuma, irá salvar o culpado" significa exatamente o que isso diz. O culpado pagará por seus pecados. E "visitando a iniquidade dos pais" – visitar simplesmente significa punir. Isto significa, entretanto, que Deus traz punição pelo mal cometido. Os filhos acima da quarta geração foram culpados por omissão por causa de Êxodo 20:5. Entretanto, no passado, antes de Ezequiel capítulo 18, os filhos pagavam o preço pelos pecados de seus pais. Eram punidos pelos pecados de seus pais. Isto não significa que a iniquidade do pai foi passada para o filho, como algumas pessoas acreditam e ensinam. Isso significa, entretanto, que Deus traz punição pelo mal cometido.

Visto que está claro, agora, que Deus é aquele que visita, e Deus é santo e verdadeiro, Ele não passa os pecados dos pais perversos para seus filhos e os coloca em seu corpo. Ele puniu os filhos abaixo da linha até a terceira e quarta gerações, pelos pecados de seus pais. Entretanto, Ele ordenou a Ezequiel que desse um fim neles – e terminou. Vemos claramente que Deus terminou essa demanda ou exigência – essa "maldição geracional", como é nominada por muitos. Embora o Senhor tenha lidado com isso e o tenha terminado totalmente, há pregadores, professores e os chamados "líderes" que ainda estão forçando essa mentira pela garganta abaixo de muitos Cristãos. Se isto realmente me aborrece, imagino como isso faz Deus sentir...

Dizem que "visita a iniquidade dos pais sobre seus filhos, até a terceira e quarta geração" é a iniquidade dos pais passada para os filhos. Dizem que ela está em suas carnes. Essa é a explicação deles para alguém que é Cristão e que está lutando com o pecado em suas vidas. Acredita que algumas pessoas, realmente, interpretam a Palavra de Deus desse modo? É como alguns estudiosos da Bíblia, pregadores e professores explicam isso. "São as profundas práticas do mal, as iniquidades de seus pais – maldições geracionais – que foram passadas para eles. Essa é sua interpretação de "Deus visita a iniquidade"?. Depois de ter lido todos os versos da Escritura, você acredita que algumas pessoas ainda pregam e ensinam essa falácia – essa mentira?

Dizendo assim, que Deus colocou as iniquidades dos pais sobre os seus filhos, que são Cristãos, essas pessoas completamente culpam a Deus pelas práticas pecaminosas das pessoas. Eles, em essência, colocaram a responsabilidade dos pecados das pessoas sobre Deus. Deus, nos ajude! "Ah, não, Pastor David, não é o que eles dizem. Eles querem dizer que a iniquidade é passada do pai para o filho ou filha, e o Cristão tem que se livrar do demônio que está dentro dele e que causa a prática do pecado". Isso soa tão verdadeiro e acreditável, não é? Vejamos outros fatos.

Primeiro, a iniquidade do pai não é passada para o Cristão. O Senhor não tomou a iniquidade do pai e a passou para os filhos de Deus. Isso é quem você é como Cristão: filho de Deus. "Se, pois, o Filho vos libertar, verdadeiramente sereis livres." (João 8:36). Segundo, como um Cristão, seu Pai é Deus, assim, sua herança vem de Deus. Portanto, posso lhe garantir que Deus não passa qualquer iniquidade ou maldição geracional para você. Terceiro, o Santo Espírito não irá viver na mesma casa, com um espírito do demônio. Entretanto, pecado é pecado e há punição para ele. Essa é a razão pela qual Jesus Cristo morreu. Ele Mesmo recebeu a punição por nossos pecados. Cometemos o crime. Ele pagou o preço. Cometemos erro e Jesus Cristo, que não errou, pagou o preço completo por nossas ações do mal.

"Dizeis, porém: 'O caminho do Senhor não é justo.' Ouvi, pois, ó casa de Israel: Acaso não é justo o meu caminho? Não são os vossos caminhos que são injustos? Desviando-se o justo da sua justiça, e cometendo iniquidade, morrerá por ela; na sua iniquidade que cometeu, morrerá." (Ezequiel 18:25. 26)

Posso esclarecer outro ponto? Se você está sofrendo alguma consequência do seu próprio viver, não a coloque em seus pais. Você está sendo punido por seus próprios pecados. Se arrependa! Deus é fiel a Sua Palavra e lhe perdoará. Ele o purificará com o sangue de Seu Filho, esquecerá o que fez de errado, o livrará de sua situação e trará bênçãos em sua vida. Pode levar tempo para tudo voltar para um lugar tranquilo, mas Deus fará isso.

> "Portanto, eu vos julgarei, a cada um conforme os seus caminhos, ó casa de Israel, diz o Senhor Deus. 'Vinde, e convertei-vos de todas as vossas transgressões, para que a iniquidade não vos leve à perdição. Lançai de vós todas as vossas transgressões que cometestes contra mim; e criai em vós um coração novo e um espírito novo. Pois, por que morrereis, ó casa de Israel? Porque não tenho prazer na morte de ninguém, diz o Senhor Deus; 'Convertei-vos, pois, e vivei!"
> (Ezequiel 18:29-32)

O pecado é o que separou Adão de Deus e assim, separa o pecador de Deus. Por isso, Jesus morreu e ressurgiu da morte. Ele pagou o preço por nossos pecados, para que não tenhamos que pagá-los. Deus não irá puni-lo pelo mal de seu pai, nem por suas práticas do mal, nem irá puni-lo por seus pecados passados.

Livre-se de qualquer pecado de sua vida. Volte para Deus. Ele lhe perdoará e lhe purificará de todos eles. Ganhe um novo coração. Receba Dele, um novo espírito. O livro de João diz: "Se confessarmos os nossos pecados, ele é fiel e justo para nos perdoar os pecados e nos purificar de toda injustiça" (I João 1:9) e, além disso, em Isaías, "Eu, eu mesmo, sou o que apago as tuas transgressões por amor de mim, e dos teus pecados não me lembro. Procura lembrar-me; entremos juntos em juizo; apresenta as tuas razões, para que te possas justificar" (Isaias 43:25-26). Quando Deus apaga seus pecados, Ele não os esconde em algum lugar, até que Ele esteja pronto para olhar para eles novamente. "Quanto o oriente está longe do ocidente, tanto tem ele afastado de nós, as nossas transgressões" (Salmo 103:12). Ele os apaga completamente e os esquece. Seus pecados do passado terão saído da Sua memória! Se não há evidência de pecado, não pode ter pagamento por seu pecado. Por quê? Jesus Cristo pagou o preço total por nossos pecados.

"Mas, Pastor, se eu tiver feito algo que trouxe uma consequência que não pode ser mudada? Por exemplo, nascendo uma criança nesse mundo, fora do casamento?". Você, agora, tem uma grande responsabilidade a carregar, não é? Seu dever é nutrir essa criança, com o melhor de sua habilidade. Se você não deixar Deus ajudá-lo, você não fará o melhor trabalho para criar essa criança. Se você deixá-lo assistir você, Ele o fará através de você. "Porque Deus é o que opera em vós tanto o querer como o efetuar, segundo a sua boa vontad." (Filipenses 2:13).

Querido Deus Pai, Voce fez o sacrifício final de Jesus Cristo, meu Senhor e Salvador. Você o entregou para morrer aqui na terra, para que eu possa viver e não morrer e ir para o inferno. Você preparou um lar para mim no Céu e, um dia, passarei a eternidade com você, em felicidade e harmonia. Eu me rendo a Sua vontade e estou em Suas mãos. Maior é Seu Espírito em mim, do que o demônio que está no mundo. Por Seu poder e por Seu Espírito Santo, vou derrotar o pecado e vencer toda tentação porque você me ajudará. Você é minha ajuda e minha força, meu esconderijo e minha forte defesa. Não terei medo, mas confio em Seu amor por mim e em seu poder para me afastar de qualquer e toda dificuldade. O pecado não governará minha vida. Peço-lhe agora, Pai, para ter um controle total de minha vida e que você faça, completamente, o que deseja que eu seja. Amém.

11

COMECE CERTO

"Porque a palavra de Deus é viva e eficaz, e mais cortante do que qualquer espada de dois gumes..., e é apta para discernir os pensamentos e intenções do coração." (Hebreus 4:12)

Eu tinha vinte e um anos. Eu estava quebrado, desesperado, deprimido e oprimido. Eu tinha passado pela mais terrível provação em minha vida e eu estava machucado, realmente mal. Eu estava encarregado da igreja naquele tempo e estava, também, ajudando numa reunião de oração, toda manhã. Entretanto, eu estava ainda para baixo e sentindo o pior sobre mim mesmo. Falei com meu Senhor, um dia: "Senhor, preciso estudar sua Palavra, mas em minhas condições, não posso ir para a Faculdade Bíblica. Mostre-me alguém que poderá me ensinar pessoalmente".

Um dia, bem cedo, de manhã, após uma reunião de oração na Igreja onde eu ajudava, um irmão me perguntou se eu tinha um emprego. Eu lhe disse que eu estava desempregado por três meses e estava desesperado, procurando emprego. Ele, imediatamente, chamou outro irmão, Peter Milec, e lhe disse: "Peter, precisamos orar por um emprego para o David".

"Não preciso orar por ele". Peter deu uma pausa. "Tenho um emprego, se ele quiser".

Aceitei o emprego e comecei a trabalhar para ele, no dia seguinte. Peter viu minha situação e o estado de mente em que eu estava. Ele reconheceu que eu estava quebrado e deprimido. Nunca, nem só uma vez, Peter me perguntaria: "Qual é seu problema? Por que você está pra baixo? O que aconteceu?". Nunca! Desde o primeiro dia em que comecei a trabalhar, ele me alimentou com a Palavra de Deus. Eu me sentava em frente dele em sua escrivaninha, toda manhã e antes de iniciar minhas tarefas, ele me ensinava. Dia a dia, eu mudava.

Peter era legalmente cego, assim, não tinha visão para ler. Entretanto, ouvindo a Palavra de Deus em um aparelho cassete, memorizou a Bíblia em seu coração. Ele ensinava a Bíblia usando aquelas fitas também. Constantemente ouvindo a Palavra de Deus, ele experimentou uma maravilhosa mudança em sua própria vida. Entretanto, ele sabia exatamente o que ela faria na minha. Também, o Novo Testamento Gideão, em sua escrivaninha, estava esperando ser usado. Toda manhã, ele me pedia para procurar nele várias passagens da Escritura e lê-las alto. Todos os dias, cerca de dois meses, Peter me ensinou quem eu era em Cristo e sobre o poder que eu tinha em Cristo. Aprendi o que realmente significava ser uma nova criatura em Jesus.

Esse grande mentor me incutiu a importância de adorar ao Senhor, enquanto eu trabalhava, e a cantar louvores a Ele, bem como a ler a Bíblia o tanto quanto e quando pudesse. Ele me encorajou a sempre orar ao Senhor. Ele me instruiu a jejuar de tempo em tempo, ter comunhão com outros crentes, comparecer à igreja regularmente, e entregar meus dízimos e ofertas a Deus. Ele disse que então minha vida mudaria. Eu fiz isso, e mudou mais rápido do que pensava que iria.

Um dia, cerca de dois meses após eu ter começado a trabalhar para Peter, ele mandou alguém me avisar para ir ao seu escritório. Agora, no caminho para o escritório, eu estava preocupado. "O que fiz de errado? Onde eu baguncei? Falhei em completar uma tarefa adequadamente? – não fiz alguma tarefa que eu deveria ter terminado? Eu estava temeroso que tivesse falhado em algum lugar. Entrei no escritório do Peter e fiquei em pé diante dele, esperando que ele me repreendesse por um deslize. Achei que eu tivesse feito um erro em algum lugar ou deixado de fazer algo.

Peter somente me convidou a me assentar. "Não, está bem, eu fico de pé". Imaginei que eu iria ser corrigido de pé. Ele continuou a dizer: "David, você se lembra da primeira vez que veio aqui, como você era?".

Respirei fundo e me assentei. Então, eu não tinha feito nada errado. "Eu estava, de certo, no chão" Disse a ele.

Ele se assentou com seus braços cruzados ao redor de sua barriga e riu. "Não, você não estava. Você estava lá embaixo no subsolo, olhando para cima e vendo o chão. Olhe para você agora! Olhe para o que Jesus fez por você. Quando você veio aqui, se eu lhe perguntasse algo, você diria: "Sim" ou "Não". E desviaria o olhar. Você não podia me olhar nos olhos. Mas, olhe para o que Jesus fez por você".

Meu amigo Peter não era um psicólogo, nem era um conselheiro treinado. Ele era um homem de Deus. Tudo que fez, era usar a Palavra de Deus para transformar minha vida. Ele nunca me perguntou sobre meu passado. Ele me alimentou com a Palavra de Deus e me instruiu com algumas práticas bíblicas, que trariam mudanças em mim e em minha vida. Ele deixou o restante para o Espírito Santo, que completou o trabalho de transformação.

Fui liberto da depressão e da opressão do demônio? Sim!
Fui liberto da dor e do sofrimento pelo qual passava? Sim!
Passei por alguma cerimônia de quebra de "maldição geracional"? Não.
Peter sabia do poder da Palavra de Deus e ele a usou. Ele sabia completamente.

"Porque a palavra de Deus é viva e eficaz, e mais cortante do que qualquer espada de dois gumes, e penetra até a divisão de alma e espírito, e de juntas e medulas, e é apta para discernir os pensamentos e intenções do coração." (Hebreus 4:12)

A Palavra de Deus é viva e dá vida. Ela muda qualquer pessoa que enche seu coração e mente com ela, todos os dias. Não a negligencie em sua vida. Não coma, nem beba, sem a Palavra de Deus, diariamente. Sua vida será maravilhosamente transformada e abundantemente abençoada se você é preenchido com ela todos os dias. "O espírito é o que vivifica, a carne para nada aproveita. As palavras que eu vos tenho dito são espírito e são vida" (João 6:63). Peter sabia disso, e ele permitiu que a Palavra de Deus fizesse o trabalho em meu coração e alma. Ela provocou uma mudança que permanece não somente hoje, mas para sempre. A Palavra de Deus fará o mesmo em você, se seu coração e mente forem preenchidos com ela todos os dias.

Não olhe para trás

Sou um homem transformado hoje, porque alguém reconheceu quem sou eu em Cristo, e não o que eu era antes de Jesus ter me salvado e ter vindo morar em meu espírito. Ele trabalhou com o que sou e não, com o que eu era. Vejamos, quando voltamos aos mortos, encontraremos a morte; morte é o que trazemos; e morte é o que estará em você. Não me admira, Deus dizer: "Não vos lembreis das coisas passadas, nem considereis as antigas" (Isaias 43:18). Deus nos ordenou esquecer as memórias e as ações passadas, os desejos e os anseios da pessoa antiga que éramos antes. Somos ordenados a esquecer as faltas e as deficiências do passado, bem como as feridas, as dores e os desapontamentos do passado. Deus deseja que paremos de olhar para o passado! Ele deseja que olhemos para o presente e futuro.

Você começa a se libertar, quando chega a Deus com

arrependimento. "Se confessarmos os nossos pecados, ele é fiel e justo para nos perdoar os pecados e nos purificar de toda injustiça." (1 John 1:9). Quando você se arrepender dos pecados, transgressões, iniquidades e retornar delas para o serviço de Deus, com um coração íntegro, O Senhor irá perdoá-lo. Ele se esquecerá de seus pecados, transgressões e iniquidades. Ele o purificará de toda injustiça, com o precioso sangue de Jesus Cristo. A Bíblia diz em Isaias que "Eu, eu mesmo, sou o que apago as tuas transgressões por amor de mim, e dos teus pecados não me lembro" (Isaias 43:25) e novamente, "Apagai as tuas transgressões como a névoa, e os teus pecados como a nuvem. Torna-te para mim, porque eu te remi" (Isaias 44:22). Deus apagou seus pecados, transgressões e iniquidades, e não se lembra deles mais.

Minha oração é que você não deseje lembrar deles também. Seus pecados, transgressões e iniquidades do passado estão ligadas ao velho homem. Se Deus se esqueceu de todas as suas antigas ações, isso não significa que se esqueceu também do você antigo? Agora, então, desde que isso é verdadeiro, por que você desejaria olhar para trás e lembrar? Por que você desenterraria o morto que foi enterrado com Cristo? Por que desejaria trazer da sepultura, o "você" morto e seus pecados, iniquidades e transgressões do passado? Também, por que permitiria alguém mais a fazer isso? "Ou, porventura, ignorais que todos quantos fomos batizados em Cristo Jesus fomos batizados na sua morte? Fomos, pois, sepultados com ele pelo batismo na morte, para que, como Cristo foi ressuscitado dentre os mortos pela glória do Pai, assim andemos nós também em novidade de vida" (Romanos 6:3, 4).

É Necessário Lidar Com o Pecado

Portanto, você não deve permitir que o pecado permaneça em sua vida. Você não deve permitir que ele puxe a cadeira, se assente e se faça tão confortável quanto qualquer membro da família. Você tem que destrui-lo. Você tem que se livrar dele. "Assim diz o Senhor: 'Onde está a carta de divórcio de vossa mãe, pela qual eu a repudiei? Ou quem é o meu credor, a quem eu vos tenha vendido? Eis que por vossas maldades fostes vendidos, e por vossas transgressões foi repudiada vossa mãe'" (Isaias 50:1). O pecado é que separa as pessoas de Deus. Ele, portanto, precisa ser destruído e deve ser eliminado.

Nada pode nos separar do amor que Deus tem por nós. "Porque estou certo de que, nem a morte, nem a vida, nem anjos, nem principados, nem potestades, nem coisas presentes, nem futuras, nem a altura, nem a profundidade, nem qualquer outra criatura nos poderá separar do amor de Deus, que está em Cristo Jesus nosso Senhor" (Romanos 8:38, 39). Pense nisso! Deus é amor e Ele só pode amar. Ele não tem ódio e nunca terá. Embora Ele seja também um Juiz, Ele julga com integridade. O que uma pessoa planta é o que ela, também, colherá. Assim, lemos em João:

Respondeu-lhes Jesus: Já vo-lo disse, e não credes. As obras que eu faço em nome de meu Pai, essas dão testemunho de mim. Mas vós não credes, porque não sois das minhas ovelhas, como lhe disse. As minhas ovelhas ouvem a minha voz, e eu as conheço, e elas me seguem: Eu lhes dou a vida eterna, e jamais perecerão; e ninguém as arrebatará da minha mão. Meu Pai, que mas deu, é maior do que todos; e ninguém pode arrebatá-las da mão de meu Pai. Eu e o Pai somos um. (João 10:25-30)

Onde Começar

Maldições geracionais trazem morte e destruição. Jesus não coloca, em você,"maldições geracionais" ou qualquer outra coisa. Ele não lhe salvou para esse propósito. Entretanto, você precisa começar a se livrar do que é velho e começar a fazer o que é certo e bom. Observe que fazer o bem, é aprendido. E é praticado. E o que uma pessoa precisa é treinar, para primeiro cessar de fazer o mal e então praticar as coisas certas. Você tem a responsabilidade de se afastar de seus atos perversos. Nenhuma outra pessoa pode fazer isso por você. É sua responsabilidade. Lemos em Isaías:

"Lavai-vos, purificai-vos; tirai de diante dos meus olhos a maldade dos vossos atos; cessai de fazer o mal, aprendei a fazer o bem; buscai a justiça, acabai com a opressão, fazei justiça ao órfão, defendei a causa da viúva. 'Vinde, pois, e arrazoemos,' diz o Senhor: ainda que os vossos pecados são como a escarlata, eles se tornarão brancos como a neve; ainda que são vermelhos como o carmesim, tornar-se-ão como a lã. Se quiserdes, e me ouvirdes, comereis o bem desta terra." (Isaías (1:16-19)

Você tem que derrotar o pecado em sua vida. Você pode, com a ajuda do Espírito Santo, que lhe dará força, poder e tudo que precisar para fazê-lo, se você pedir a ele. Novamente, "Convertei-vos de todas as vossas transgressões, para que a iniquidade não vos leve à perdiçã." (Ezequiel 18:30).

Como um Cristão, você não foi abandonado por Deus, Seu Pai. Você é Seu filho.

Ele lhe permitiria, receber uma herança de seus antepassados antigos, especialmente uma "maldição geracional" que destruiria sua vida? O Deus que sirvo, lhe ama. Ele perdoa. Ele cuida. Ele é compassivo, misericordioso, fiel, amável, generoso e paciente. Ele não é o que várias pessoas acham que Ele é. Ele não é um destruidor. Você tem uma nova família e um novo Pai. Sua herança, agora vem de seu novo Pai, Deus. Você é nova criatura. Deus que o ama com um amor eterno, que deu seu único, unigênito filho, Jesus Cristo, para morrer por você, permitiria que algo do passado de alguém aparecesse em sua vida para causar-lhe mal? É esse o Deus que você conhece e ama? Isso é como o seu Senhor Amado, que morreu em uma cruz, porque Ele lhe ama, age a seu respeito? Jesus Cristo permitiria, simplesmente, as maldições de seus antepassados surgir em sua vida, depois que Ele lhe comprou, pagando por você, o preço total? Depois de salvá-lo, purificá-lo de todos os seus pecados passados, com Seu próprio sangue? Esse é o mesmo Jesus Cristo que ama tanto o mundo inteiro, que morreu por eles?

Se você fosse Deus, permitiria que "maldições geracionais" viessem de antepassados à vida de seu filho? Somente o inimigo vem para roubar, matar e destruir – e não Deus. "O ladrão não vem senão para roubar, matar e destruir..." (João 10: 10). Satanás chega e procura roubá-lo e destrui-lo. Ele fará tudo o que for possível para roubá-lo, furtar sua paz, alegria, saúde e felicidade; enganá-lo, trazê-lo para a escravidão e fazê-lo permanecer lá. Isso significa que ele o fará acreditar que você tem "maldição geracional" em toda sua vida; então lhe mentirá, trairá e o enganará, para acreditar exatamente nela. De acordo com o que acreditar, você terá. (Marcos 11:23, 24).

Por outro lado, Jesus veio para dar-lhe vida e não, morte. Ele veio para abençoá-lo, não, roubá-lo; para livrá-lo e não coloca-lo em escravidão; Ele o salvou, para tornar sua vida feliz e não triste; para dar-lhe esperança e um futuro... "Eu vim para que tenham vida e a tenham em abundância." (João 10:10) e "Pois eu bem sei os planos que estou projetando para vós, diz o Senhor; planos de paz, e não de mal, para vos dar um futuro e uma esperança" (Jeremias 29:11).

> Querido Deus, meu Pai, Você nunca me abandonará em tempo ruim e nem em tempos bons, especialmente. Você está sempre comigo. Sua vontade em mim, é boa. É para dar-me coisas boas e não más. Creio em suas palavras, em Jeremias 29:11, que me dizem que quer que eu tenha um futuro "sem mal, com paz e felicidade". De acordo com Isaías 65:24, Você responde minhas orações, antes que eu as lhe dirija e me ouve quando lhe falo. Portanto, Pai, ouça-me agora e livra-me de todo mal, de dificuldades vistas e ocultas, de desastres que o inimigo possa planejar para

mim e de todos as obras de Satanás. Sou Seu filho, Pai, portanto, por favor, faça todas as coisas boas para mim, em cada área de minha vida. Agradeço-lhe, Querido Deus, em nome de Jesus. Amém.

12

DE ACORDO COM SUA FÉ

"... conforme a medida da fé que Deus, repartiu a cada um."
(Romanos 12:3)

Do que tudo isso precisa? Fé... A fé remove montanhas. A fé faz você íntegro. A fé faz você bem. A fé cura doenças. A fé abre olhos cegos. A fé ressuscita os mortos. A fé expulsa demônios. A fé traz de volta à vida, o morto. "Ora, a fé é o firme fundamento das coisas que se esperam, e a prova das coisas que não se veem" (Hebreus 11:1). Contudo, não é a fé na própria "fé" que faz tudo isso. É a fé em Jesus Cristo e em Sua Palavra. Quando você anda pela fé, grandes coisas são realizadas. Quando você opera em fé, os milagres acontecem. A Palavra diz, "Ora, sem fé é impossível agradar a Deus" (Hebreus 11:6). Veja o seguinte, todo feito pela fé:

"Então lhes tocou os olhos, dizendo: 'Seja-vos feito segundo a vossa fé'" (Mateus 9:29).

"Disse-lhe ele: 'Filha, a tua fé te salvou, Vai-te em paz, e fica livre desse teu mal'". (Marcos 5:34)

"Disse-lhe Jesus: 'Vai, a tua fé te salvou.' E imediatamente ele recuperou a vista, e foi seguindo pelo caminho" (Marcos 10:52).

"Jesus, porém, disse à mulher: 'A tua fé te salvou. Vai-te em paz'" (Lucas 7:50).

Voce deve ter a fé que Deus irá remover todos os seus pecados e iniquidades e fazê-lo nascer de novo. Você dever ter a fé que Ele pode remover qualquer maldição que está em você.

Você pode fazer todas as suas próprias coisas da melhor maneira, mas se não as faz com fé, você não agrada a Deus e você não verá milagres. Você pode ter um trabalho, extremamente árduo para fazer, e ainda não realizar, na vida, o que você deseja alcançar. Entretanto, quando você o faz com fé, você agrada a Deus. E quando agrada a Deus, grandes coisas acontecem! Verifique o que Provérbios diz: "Quando os caminhos do homem agradam ao Senhor, faz que até os seus inimigos terem paz com ele" (Provérbios 16:7).

A fé, todavia, não cresce em árvores, nem é encontrada em montanhas. Não pode ser trazida do mar, nem pode ser colocada em um prato. Ela não é servida em pratos de restaurantes nem é comprada em uma farmácia ou outra loja. A fé é somente encontrada em um lugar. É encontrada em Deus e em Sua Palavra. Pois Sua Palavra "é viva e eficaz, e mais cortante do que qualquer espada de dois gumes, e penetra até a divisão de alma e espírito..." (Hebreus 4:12).

Se você deseja ter grande fé, precisa pedi-la a Deus. Se você deseja crescer em fé, precisa ler a Palavra de Deus para aumentá-la. A fé é dada por Deus e a fé deve crescer. Sua fé pode crescer. Além disso, "Disseram então os apóstolos ao Senhor: 'Aumenta-nos a fé.' Respondeu o Senhor: "Se tivésseis fé como um grão de mostarda, diríeis a esta amoreira: 'Desarraiga-te, e planta-te no mar; e ela vos obedecerá.'" (Lucas 17:5,6). Jesus se certificou de que seus discípulos compreenderam a primeira verdade fundamental simples sobre a fé. Você não precisa ter uma grande fé para fazer grandes coisas. Você precisa iniciar com uma quantidade equivalente a uma semente de mostarda. Você não precisa ter bastante fé. Você pode trabalhar com o que você tiver. Tudo o que precisa é de uma quantidade minúscula, como um grão de areia, que é quase o tamanho de um grão de mostarda. Aquela quantidade de fé pode mover "montanhas" em sua vida. Quando você iniciar com essa fé, e começa a mover "montanhas", a mesma fé da "semente de mostarda" pode crescer no tamanho de uma montanha. Então, por que esperar para construir sua fé? Por que não iniciar agora a usar o pouquinho que você tem para obter de Deus o que deseja e precisa?

O Pecado Condena

Se sua fé é tão grande quanto a uma montanha ou como uma semente minúscula, o que pode impedi-la? O pecado! O pecado está entre você e Deus. Quando peca e mesmo depois que arrepende, pensamentos de culpa podem, ainda, importuná-lo. O pecado o leva para baixo e traz culpa e condenação. Ele faz você correr de Deus, ao invés de correr para Ele. O pecado lhe causa a descrença em Deus. Ele o faz sentir que não merece nada de Deus. Isso destruiria sua fé.

Se você sente culpa por algum pecado que cometeu, você não irá acreditar que Deus virá até seu interior. Você irá andar por aí, cabisbaixa, arrastando seus pés, com pena de você, onde quer que vá. Você acreditará que Deus não irá fazer nada por você por causa de seus erros.

Culpa e condenação seguram e agarram você como um trapo sujo. A não ser que você chegue à presença de Deus – ora tendo um encontro com o Espírito Santo em sua igreja, ora um tempo de arrependimento ou de quebrantamento a sós com Deus – a culpa o prenderá, e a condenação irá sufocá-lo. Quando você se arrepender de coração e experimentar esse livramento e a liberdade do pecado, então você descobrirá que a culpa e a condenação partiram. Você sentirá que pode confiar em Deus novamente e pode acreditar que Ele estará em você. Essa é a hora quando você atiraria todas as suas necessidades num montante perante Deus, e lhe pediria para satisfazê-las! Uma a uma, coloque diante Dele.

A "Conexão da Fé"

Você já imaginou por que, algumas vezes, quando ora, parece que leva muito tempo, antes de você saber, que fez uma "conexão" com Deus? Qual é essa conexão? É a chamada "Conexão da Fé". Por que é assim? É por causa de tudo que temos discutido por esse livro inteiro. O inimigo nunca desistiu, em sua tentativa, de trazer condenação sobre você. Ele nunca para de tentar fazer você se sentir culpado. Ele sempre tenta você para colocá-lo em escravidão.

"Você viu como olhou para aquele mendigo numa esquina da rua, hoje? O que acha do rapaz que atravessou em seu caminho, aqui? Você se lembra de ficar contrariado com sua esposa, porque estava atrasada em preparar a marmita, que fez você sair atrasado para o trabalho? O que acha dos poucos minutos extras que você passou na lanchonete ontem?". Bem, entenda a ideia. Satanás nunca para de tentar interferir, interromper, desfazer ou retardar sua fé. É por isso que você tem que, constantemente, estar certo que sua fé está sempre crescendo e não, diminuindo.

Talvez, agora, você poderá compreender o porquê das coisas parecerem não acontecer, mesmo que você tenha passado tanto tempo orando para que aconteçam. Talvez, elas não aconteceram porque você, verdadeiramente, não acredita que Deus faria isso para você. Havia, algumas vezes, talvez, quando você não mesmo acreditava que Ele queria fazer qualquer coisa que você estava pedindo. Entretanto, acredite e você verá Deus trabalhar os milagres em sua vida. Acredite e não haverá maldição sobre você. Acredite e Deus o livrará de todas elas. Viva com obediência e santidade, procure intimidade com Deus e sua vida nunca será a mesma de novo. Você desfrutará grande alegria, paz e felicidade. Lembre-se é uma vida de fé, não de obras. A seguir, uma grande oração para você:

Deus Pai, Você tem me dado a medida de fé que necessito, para viver uma vida produtiva e proveitosa, para sua honra e glória. Peço-lhe que minha fé cresça, enquanto leio Sua palavra, diariamente, e que ela se torne mais e mais evidente em mim. A verdade é que "Posso todas as coisas naquele que me fortalec." (Filipenses 4:13) e Salmos 27:1 diz "O Senhor é a minha luz e a minha salvação; a quem temerei? O Senhor é a força da minha vida; de quem me recearei? Amém.

13
CONCLUINDO, ENTÃO...

"Este é o fim do discurso; tudo já foi ouvido: Teme a Deus, e guarda os seus mandamentos; porque isto é todo o dever do homem." (Eclesiastes 12:13)

Como você seguiu estes escritos, cuidadosamente, você viu como Deus anulou as maldições em Êxodo 20:5. De acordo com Ezequiel, no capítulo 18, DEUS DECLAROU AS MALDIÇÕES NULAS E VAZIAS. ENTRETANTO, NÃO MAIS TEMOS QUE ENFRENTÁ-LAS. ESTAMOS AGORA SOB UMA NOVA E VERDADEIRA ALIANÇA – a aliança de GRAÇA e MISERICÓRDIA, PERDÃO e ACEITAÇÃO e NOVIDADE DE VIDA EM ABUNDÂNCIA. Com essa aliança, Deus fez o último sacrifício com Jesus Cristo nosso Senhor, então, você e eu aceitamos Seu presente de salvação através de Jesus, e Ele nos aceitou. Sob a Velha Aliança, o homem fazia sacrifício a Deus. Se ele o fizesse sinceramente, de coração, Deus aceitava seu sacrifício e também aceitava o homem. Verdadeiramente, as coisas antigas passaram e tudo se tornou novo.

* * * * * * * * *

Tem chovido por dias. Tem ficado molhado, escuro e sombrio. A depressão chega à mente. É o tipo de tempo que faz alguém dormir por horas. Você dormiu, mas então, acordou. É manhã e o sol está brilhando claramente. As árvores brilham e a grama está mais verde que antes. Tudo parece mais brilhante e mais bonito do que antes. As rosas estão mais vermelhas e mais ricas em cor. As flores estão puras e perfumadas. O ar está cheio de seu perfume e a terra parece alegre. Seus pés querem dançar. Ah, quão maravilhoso... Quão maravilhoso. É um novo dia. É um novo começo. É uma nova vida. Respire... Ahhhhh...

Você nasceu de novo. Você tem uma nova vida. Você foi purificado pelo sangue de Jesus Cristo e voce ficou limpo. Você ressurgiu da morte nEle, e vive para glorificar Seu nome. Transladado para Sua maravilhosa luz, você mudou para Seu Reino e agora vive em Sua casa. Adotado em Sua família, você se tornou um filho do Todo-poderoso Deus. Ele o chama, filho. Você O chama, Pai.

Bem do início, Ele lhe fez sua justiça em Cristo Jesus. Você se coloca diante dele, justificado como se não tivesse errado, porque Ele o aceitou em Seu Filho Amado. Ele o vê através de Jesus, porque você está assentado com Ele, ao lado de Deus, seu Pai, no Céu. Você está ainda "escondido Nele" pois "Ele vive, move e trabalha" através de você. Ele lhe faz forte e capaz de fazer tudo através dEle próprio. Não há nada tão difícil que Ele não possa fazer por você, como Ele próprio, conhece qualquer dor ou sofrimento que você possa ter experimentado. Ele conhece a dor que você sente ou a dificuldade que tem passado. Nada escapa Dele. Jesus vê tudo.

> *"Mas Deus, sendo rico em misericórdia, pelo seu muito amor com que nos amou, estando nós ainda mortos em nossos delitos, nos vivificou juntamente com Cristo (pela graça sois salvos) e ressuscitou juntamente com ele, e com ele nos fez sentar nas regiões celestes em Cristo Jesus." (Efésios 2:4-6)*

Como Ele vive em você, pode dizer: "Maior é Ele em mim do que o demônio que que está la fora no mundo. Sou um campeão, um vencedor, um dominador. Desde que Jesus dominou o mundo, eu também o faço". O palco está definido. O resultado foi escrito. Você foi promovido como um embaixador de Cristo. Você O representa aqui nessa terra. Onde você for e quem você encontrar, você é um representante do Deus Todo-poderoso. Se você tivesse que assinar uma linha pontilhada, seria o próprio Jesus que assinaria. Pode alguma coisa vencer isto? Você tem completa representação – completa autoridade assinada, e total poder para fazer como se Ele estivesse na terra.

Entretanto, Deus não ficou satisfeito em fazê-lo somente Seu embaixador: Ele o fez um rei. O Rei governa e reina. Eles fazem declarações que não podem ser mudadas ou anuladas. Suas palavras são finais. Você precisa falar e declarar o que você sabe, mas tenha cuidado com o que diz, porque uma vez que a palavra sai de seus lábios, elas não podem voltar. "Seja, porém, o vosso falar: Sim, sim; não, não; pois o que passa daí, vem do Maligno" (Mateus 5:37). Suas palavras saem para realizar e concluir aquilo que você disse. (Provérbios 13:2; 18:21) "Do fruto da boca o homem come o bem; mas o apetite dos prevaricadores alimenta-se da violência".

Você é um rei, com autoridade e poder dadas por Deus, para governar e reinar nesta terra, especialmente contra as forças do mal. Portanto, governe e reine. Declare o que Deus disse sobre você. Proclame Suas promessas sobre sua vida e fale Suas palavras de cura e bênção. Então, afaste-se e veja Deus realizar Suas palavras em sua vida, tais como você nunca viu antes. Tudo que Deus lhe deseja é que concorde com o que ele disse, que você creia nela e fale dela para os outros e Ele fará isso acontecer em sua vida. "Ora, àquele que é poderoso para fazer tudo muito mais abundantemente além daquilo que pedimos ou pensamos, segundo o poder que em nós opera... (Efésios 3:20). Aqui está escrito que Deus cumpre Suas promessas. "Sou eu que confirmo a palavra do meu servo, e cumpro o conselho dos meus mensageiros" (Isaías 44:26). Vemos também a confirmação nos escritos de Paulo. "Estando certíssimo de que o que Deus tinha prometido, também era poderoso para o fazer" (Romanos 4:21).

O Senhor não interrompeu seu reinado. Ele deseja que você venha, perante Ele, com suas oferendas, como os sacerdotes do Velho Testamento costumavam fazer. Entretanto, Ele o tornou sacerdote. Suas ofertas de louvor, suas canções de adoração, sua dança e o levantar de mãos, sua alegria e ações de graça – tudo se eleva ao Senhor, como um perfume suave que agrada o coração de Deus. Seus dízimos e ofertas que você entrega, livremente, de coração, com gratidão e ações de graça, seu tempo e trabalho no Reino de Deus, seu amor e cuidado por outros crentes, seu respeito pela casa de Deus, o respeito e honra que você demonstra às autoridades superiores no Reino de Deus – tudo o que você fizer por Ele, eleva ao Senhor, como um sacrifício aceito no altar de Deus.

> *"E entoavam um cântico novo, dizendo: 'Digno és de tomar o livro, e de abrir os seus selos; porque foste morto, e com o teu sangue compraste para Deus homens de toda tribo, e língua, e povo e nação; e para o nosso Deus os fizeste reino, e sacerdotes; e eles reinarão sobre a terra.'" (Apocalipse 5:9-10)*

Não se admira Ele chamá-lo santo, aceitável, amado, honrado, favorecido, justo e real. Você é privilegiado e tem a honra de servir a Deus. Ele o agraciou e lhe concedeu ter uma herança Dele, em Jesus Cristo. Verdadeiramente, você é mais rico do que você imagina – um gigante espiritual, uma potência e uma força a ser considerada e respeitada. Feliz por ser seu irmão.

> *"Bendito seja o Deus e Pai de nosso Senhor Jesus Cristo, o qual nos abençoou com todas as bênçãos espirituais nas regiões celestiais em Cristo, como também, nos elegeu nele antes da fundação do mundo, para sermos santos e irrepreensíveis diante dele, em amor e nos predestinou para sermos filhos de adoção*

por Jesus Cristo, para si mesmo, segundo o beneplácito de sua vontade, para o louvor da glória da sua graça, a qual nos deu gratuitamente no Amado, em quem temos a redenção pelo seu sangue, o perdão dos nossos delitos, segundo as riquezas da sua graça, no qual também fomos feitos herança, havendo sido predestinados conforme o propósito daquele que faz todas as coisas segundo o conselho da sua vontade, que nós, os primeiros a confiar em Cristo, para o louvor da sua gloria." (Efésios 1:3; 11-12)

Não há mais condenação para você que está em Cristo e que tem sido conduzido pelo Espírito Santo. Você cruzou a fronteira, quando se tornou uma nova criatura. Todas as coisas se tornaram novas – as coisas velhas já passaram. Você está purificado no novo mundo de Deus – Seu Reino. Você está habilitado a viver uma vida plena e livre por Ele e Nele." Chegue à sua presença com ações de graça" e traga uma oferta. "Sirva-o com alegria"; sirva-o com paixão; sirva-o com vigor; sirva-o com um fogo queimando seu interior, para ver sua glória vindo sobre a terra e para ver homens e mulheres, meninos e meninas, em todo lugar, chegando para conhecer e aceitá-lo como Senhor e Salvador. O resumo de tudo está em Eclesiastes 12:13: "Este é o fim do discurso; tudo já foi ouvido: Teme a Deus, e guarda os seus mandamentos; porque isto é todo o dever do homem".

Permaneça firme, portanto, nessa liberdade recebida em Jesus. Você é, verdadeiramente livre! Deus os abençoe.

"BUSCAI, POIS, EM PRIMEIRO LUGAR, O SEU REINO E A SUA JUSTIÇA E TODAS ESTAS COISAS VOS SERÃO ACRESCENTADAS." (Mateus 6:33)

ABOUT THE AUTHOR

O pastor David Ramiah é ministro ordenado da Ministério Cristo Exaltado. Ele viajou em missões ao Brasil, Nigéria, Hong Kong e China continental, bem como à Índia. É presidente o fundador e pastor do Ministério Cristo Exaltado, em Toronto, Canada.

Pastor David também fundou o Mighty Man of Valor International em Canada, e também, Igreja Cristo Exaltado em Uberlândia, MG., Brasil. Ele trabalhou com os Gideões Internacionais e foi vice-presidente da Irmandade dos Cristãos em Toronto, Canadá. Ele é autor de vários livros, incluindo Como receber a Unção Maior, e O poder é seu.

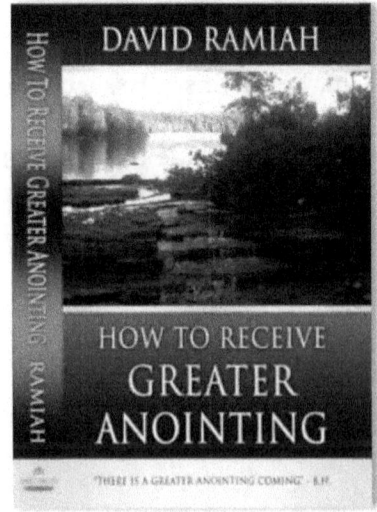

www.ingramcontent.com/pod-product-compliance
Lightning Source LLC
LaVergne TN
LVHW051608070426
835507LV00021B/2836